JN260016

リーダー3年目からの教科書

小森康充
小森コンサルティングオフィス代表

かんき出版

はじめに

私は、世界最大の消費財メーカーであるザ・プロクター・アンド・ギャンブル・カンパニー（以後、P&G）の日本法人、P&Gジャパンで17年間働きました。

大学を卒業して入社した最初の3年は、和歌山県の営業を担当するエリアマネージャー。次の3年間は、本社にはじめてできたトレーニンググループのトレーナーでした。そして残りの11年間が、大阪支店の課長や神奈川営業所長など、いわゆる営業部門のリーダーです。

日本全国のマネージャー30名中、年間売上目標達成率でトップになったときには、「P&Gアジアパシフィック最優秀マネージャー」として表彰されるなど、優れた営業実績を残すことで数々の賞を会社からもらうことができました。

なぜ、リーダーとしてこれだけの成果が出せたのか？

それは、トレーナー時代からの師であるボブ・ヘイドンから学んだコミュニケーションスキルとマネジメントスキルを忠実に実行したからです。

しかも、成果を出したリーダーは私だけではありません。ボブの開発したトレーニング

はじめに

を受けた多くのリーダーが成果を出したからこそ、P&Gはその後の20年間、日本市場で売上を大きく伸ばし、強力な地盤を築くことができたのです。

私がこうしてP&Gで学んだスキルはもちろん、実践して失敗した経験から学んだ工夫や改善、セミナー講師として約2万人のリーダーに教えてわかったことなども加え、リーダーが必ず身につけておきたいスキルと考え方をまとめたのが本書です。

紹介する1つひとつのスキルは、やる気になれば誰にでもできるものばかりです。しかし、すべてのスキルを実行することは、トップリーダーである経営者でも難しいでしょう。その証拠に、この本に書かれていることをすべて実行できている経営者に、私は残念ながらまだ会ったことがありません。

かくいう私自身、まだまだリーダーとして発展途上で、さらなる上をめざして今も実践中といったところです。

本書のタイトルは、『リーダー3年目からの教科書』としました。「3年目から」としたのは、私の実体験とセミナー講師としての経験から、はじめてリーダーになる人の教科書

としては少しハードルが高いかなと思ったからですが、**意欲あふれるリーダーであれば、1年目からどんどん実践していくことも、もちろん可能な内容**です。

しかし、本当に読んでいただきたいのは、なかなか成果が出ずに悩んでいるリーダーです。リーダーのやるべきことは多々あります。だから「あれもやらなきゃ、これもやらなきゃ」となり、どれもが中途半端になりがちで、ときにはやり忘れたり、ときにはアベコベにやって失敗したりしてしまいます。

そんな**苦い下積みを経験したリーダー**が、**本書で頭を整理して、1つひとつのスキルを実行に移せば、必ず成果が出ます**。やればやるほどチームが変わり、おもしろいほど実績を出し続けることができるでしょう。

最後にもう一度言います。本書に書かれていることを実行すれば必ず成果が出ます。私にもできましたし、多くのリーダーにもできました。あなたに、できないはずはありません。

さあ、今度はあなたが真のリーダーになる番です。

CONTENTS

リーダー3年目からの教科書

PART1_Leadership
リーダーシップを身につける

はじめに ……… 2

プロローグ なぜ3年目が大切なのか?

3年目からが勝負! ……… 14
優秀なのに結果が出せないリーダーたち ……… 16
リーダーの役割は3つ ……… 19
チームの土台となるたった1つの大切なこと ……… 22
信頼関係を築く4つの重要ポイント ……… 26
仕事の手をとめてメンバーの話に集中する ……… 29
話は途中でさえぎらずに最後まで聞く ……… 30
グッドリスナーが意識している3つのこと ……… 32
長時間話すより会話の回数を増やす ……… 35
期待は言葉にして具体的に伝える ……… 38
メンバーは敵ではなく「あなたの味方」 ……… 40
まずは一人ひとりと信頼関係をつくることに集中する ……… 41

01 基本は「3つのE」

リーダーシップは身につけていくもの
ビジョンとアクションプランをセットで考える
「自信がない」「時間がない」「予算がない」は禁句
自分の感情をコントロールする3つのメソッド
メンバーのコミットメントレベルを把握したうえで引き上げる
リーダー自身の心にスイッチを入れる方法

……46

02 サーバント型リーダーをめざす

状況に応じてトップダウン型とサーバント型を使い分ける
使い分けるために知っておきたい3つのパワー
「ポジショニングパワー」は基本的な力
「マインドパワー」はリーダーから染み出てくる力
「フォロワーパワー」はサーバント型リーダーシップに直結
サーバント型が求められる3つの理由

……68

03 小森流リーダーシップの磨き方

率先して手をあげる、発言する
小さな失敗をいくつも経験する

……86

PART2_Training

チームメンバーを育てる

01 育成するための2つの仕事

現場に放り込んだだけで成長できる人はほんの少数

「スキル」と「やる気」には相関関係がある

悪循環にハマったメンバーの引き上げ方

リーダーがおかしがちな過ち

02 人は3ステップで上達する

スキルを上げる3つのステップ

無意識にできるようになって一人前

顔の見える人からの情報が一番重要

1分でも時間をムダにしない姿勢をメンバーに見せる

リーダーの仕事は決めること

まずは「恥ずかしい…」という気持ちを捨てよう

03 教えるときに効果的な6つのコツ

「知識がない」からか「実践が足りない」からかを見極める
「いつ、何を、何のために」をハッキリと事前告知する
細かく分けて目的を意識させる
たとえ話を使う
印象づける
ホメる
フォローアップする

124

04 「トレーニングサイクル」を回すとうまくいく

短期の手間が長期の時間短縮を可能にする
メモをさせて質問させる
説明に忠実なお手本を見せる
失敗してもすぐに口を挟まない
話し合いながら考えさせて気づかせる
自分で考えて行動する習慣を身につけさせるのが目的
信頼関係も構築できる
［コラム］知っておきたい営業同行の3つの目的
トレーニング時に注意すべき3つのポイント

134

151

PART3_Management チームをマネジメントする

01 マネジメントの5ステップ
リーダーは何をマネジメントするのか？
目標を達成するためにやるべきこと

05 メンバーのやる気を測る6つのチェックポイント
メンバーのやる気は何と関係があるのか？
金銭的報酬とやる気の相関関係は低い……154

06 やる気を引き上げる3つの秘訣
プライドをくすぐる
ライバルをつくる
その人に最適の役割を与える
一人ひとりの導火線の見つけ方……160

……170

02 「OGSM」で目標と戦略を決める

リーダーでも目的は勝手に決められない
「具測達」で目標を設定する
「4つのS」で戦略を立てる
戦略を測定していち早く修正を加える

176

03 チームづくりで大切な3つのポイント

メンバーは6人まで
2つ上の上司にも直接コンタクトOK
役割をハッキリさせ全員でシェアする

186

04 メンバーの目標の決め方とその進捗管理

「5パーセントのバッファー」で魔法がかかる
バッファー分の意味をメンバーと共有する
目標を大きく上回れば上回るほど良いというものではない
管理のしすぎは時間を失う

194

05 チームが明るく楽しくなるシステム —— 204

ご褒美システムと罰則システム
お金をかけることだけがご褒美ではない
3点セットで公平な評価を下す
最初にご褒美を与えてしまう意外な方法
個人成績よりもチーム成績

06 メンバーのコミットメントを獲得する —— 216

ステップ1から4までがカギ
その月の成果は「1日（ついたち）」に決まる

おわりに —— 223

付録◉結果を出すリーダーとメンバーの行動チェックシート一覧 —— 225

装幀　華本達哉
本文デザイン・DTP　坂田博史
編集協力　高橋明香

PROLOGUE

なぜ3年目が大切なのか？

3年目からが勝負!

「リーダー昇格おめでとう! 期待しているよ!」

そう言われて、チームリーダーとして意気揚々とチームを率いはじめてはみたものの、なかなか結果を出せずに悩んでいるリーダーが実は驚くほど多くいます。

リーダーに昇格した人たちですから、みんな優秀な人ばかりなのですが、それでも、リーダーとしてチームを成功に導けずに苦しんでいる人が多いのです。

それは、なぜでしょうか?

リーダーになったからといって、自分の仕事が減るわけではありません。昨今のリーダーは、プレイングマネジャーとして自分の仕事もこれまで以上にやりつつ、チームメンバーの面倒もみて、チームとして大きな成果を出すことが求められます。

こうした**リーダーとして新たに加わった仕事がいつまでたっても整理できずに**、とにか

PROLOGUE
なぜ3年目が大切なのか？

く遮二無二やっている人が多いのです。なかには部下の仕事まで抱え込んで四苦八苦している人までいます。

私はこれまでに新任リーダーから部長クラスまで、およそ2万人のリーダー研修を担当してきました。その経験から言えるのは、「3年間で結果が出せないリーダーは、その後も良きリーダーになる可能性が低い」ということです。厳しいようですが、それが現実です。

私が17年間お世話になったザ・プロクター・アンド・ギャンブル・カンパニー（以後、P&G）には、「アップ・オア・アウト（up or out）」の伝統がありました。アップ・オア・アウトとは、「ポジションを上げよ。さもなければ去れ」という意味ですが、このポジションが上がるか、去ることになるか、判断が行われるのが遅くとも3年目でした。

つまり、3年間で結果を出せなかった人は、リーダーであってもP&Gを去ることになるのです。

リーダーも人間ですからチームメンバーとの相性もあるでしょう。チームの状態や経済

環境が悪ければ、リーダーとしての1年目、ルーキーイヤーから成果を出すことは難しいかもしれません。

しかし、チームを3年率いて結果を残せなければ、「リーダー失格」の烙印を押されてしまうことを覚悟しておくべきです。まさに3年目が正念場なのです。

もちろん、これは会社によっても違いますし、部門によっても違うと思います。会社によっては5年間で結果を出せばいいというところもあれば、1年目、2年目でも結果がともなわなければリーダーを交代させる会社もあります。

ただ、リーダーとなったからには、「少なくとも3年で一定の成果を出す」という覚悟が必要なのではないでしょうか。

優秀なのに結果が出せないリーダーたち

3年で結果が出せないリーダーは、その後も良きリーダーになる可能性は低いと述べましたが、逆のことも言えます。3年で結果が見えてきたリーダーは、その後も良きリーダー

PROLOGUE
なぜ3年目が大切なのか？

であり続ける可能性が高いのです。

もしあなたがリーダーとして、過去2年間、結果が出せずに苦しんでいるとしても、あきらめる必要はまったくありません。

なぜなら、リーダーとしての真価が問われるのは3年目からであり、私の見るところ、実際に3年目にリーダーとして成長し、それ以降、チームとしても大きな成果を出すリーダーが多いからです。

過去2年の苦い経験を肥やしにして、3年目に花開くリーダーが多いのです。

それは、おそらく**3年目になってようやく「リーダーとして新たに加わった仕事」を自らの体験をとおして整理し、実行できるようになるから**だと思います。

私はリーダーの仕事には大きく分けて3つの役割があると考えています。

1つ目が「リーダーシップ」。
2つ目が「メンバー育成」。
3つ目が「マネジメント」です。

もちろん、この3つでなくてもかまわないのですが、自分なりにリーダーの仕事を大きく3つか4つに分けて整理できていると、リーダーとしての実行力が明らかに高まります。

これができるようになるのが3年目なのです。

さて、あなたは自分なりにリーダーの仕事を3つか4つに分けて説明することができるでしょうか？

リーダーになりたての1年目の失敗として多いのが、なんでもかんでも「リーダーシップ」を発揮しなければと、「俺についてこい」と独断専行して自爆するパターンです。

逆に、リーダーになったとたん、やたらと部下を管理（マネジメント）して失敗するタイプの人もいます。部下に対しての指示や命令が非常に細かく、報告も頻繁に求めます。部下にしてみると、リーダーにがんじがらめにされて自由が奪われた気がして、やがて反発するようになります。

どちらのリーダーも、自分の考える「強いリーダーにならなければ」という気持ちばかりが先行して空回りしてしまった結果の失敗です。

その「意気」は買いますが、やはり少し冷静になって肩の力を抜き、**リーダーの仕事**

18

PROLOGUE
なぜ3年目が大切なのか？

はリーダーシップだけでも、マネジメントだけでもうまくいかず、いくつかの役割を担う必要があるのだ」ということに気づき、それぞれの役割について学ぶことが大切なのではないでしょうか。

リーダーの役割は3つ

リーダーに求められるのは、リーダー個人の成績よりも「**チームとして大きな成果を出すこと**」です。しかも単発の成果ではなく、「**継続的に成果を出し続けること**」が求められます。

そのためにリーダーがやるべき役割は、21ページの図のように、大きく分けて3つあると私は考えています。

1つ目が「リーダーシップ」です。ビジョンや目標、方向性を指し示し、チームメンバーをそこに向かって引っ張っていくことが求められます。

19

新商品開発や新規事業開発、新規市場開拓など、「攻め」の仕事で求められる役割と言ってもいいかもしれません。結果は、成功か失敗かで判断されます。

このリーダーシップについては、PART1で詳しく述べます。

2つ目が「メンバー育成」です。継続的に成果を出し続けるためには、チーム力のアップが欠かせません。そのためにはメンバーを育成し、やる気にさせることがリーダーに求められます。

これは、どんな業種・職種のリーダーにも共通でしょう。営業であれ、経理であれ、製造であれ、物流であれ、商品開発であれ、共通の大切なリーダーの役割です。

このメンバー育成については、PART2で詳しく述べます。

3つ目が「マネジメント」です。売上の数字や顧客の管理、在庫管理や工程管理など、「管理」という言葉がつく仕事がリーダーには数多くありますが、こうした管理を効率的に確実に行うことがリーダーには求められます。

毎年、同じ時期に同じことを同じようにミスなく効率的にやるような「守り」の仕事と

PROLOGUE
なぜ3年目が大切なのか？

リーダーの3つの役割

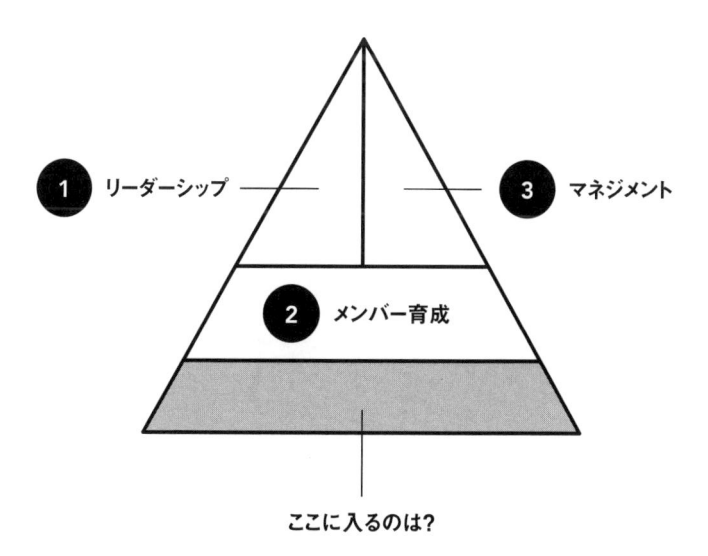

- **1** リーダーシップ
- **2** メンバー育成
- **3** マネジメント

ここに入るのは?

位置づけられます。結果は、達成か未達成かで判断されます。このマネジメントについては、PART3で詳しく述べます。

チームの土台となるたった1つの大切なこと

さて、ここまでリーダーの3つの役割について簡単に説明しましたが、実は、この3つの役割を果たすための土台になる大切なことが1つあります。

前ページの三角形の図の一番下の部分、ここには何が入ると思いますか？「商品・業界の知識」でしょうか？　それとも「論理的思考力」？　研修でこの質問をすると、たいていこの2つの答えがあがってきます。

たしかに「商品・業界の知識」も「論理的思考力」も間違いではありません。ただ、これらは、知識でありスキル。リーダーシップ、メンバー育成、マネジメントというリーダーの役割を果たしていくうえでなくてはならないのは、メンバーとの「信頼関係」です。

営業においてお客さまとの信頼関係を築くことが何よりも大事であるのと同様に、リー

PROLOGUE
なぜ3年目が大切なのか？

ダーにとってはチームメンバーとの信頼関係が何よりも大事になるのです。

私は、**この信頼関係を「心の窓」で表現することで「見える化」することが重要**だと考えています。

25ページの図を見てください。

窓に完全にブラインドがかかっている状態は「心の窓」が閉ざされていて、信頼関係がまったく築けていない状態を表します。ブラインドが3分の1開いている状態、半分開いている状態、3分の2開いている状態と続き、ブラインドが全開になっている状態が信頼関係を完全に構築できた状態を表します。

信頼関係の状態は、メンバー一人ひとり違うと思います。また、時間の経過とともに変化することもあります。あるとき3分の2までブラインドが開いていたにもかかわらず、また3分の1まで閉まってしまうということもあるでしょう。

大切なのは、チームメンバーとの信頼関係がこの5つの段階のどの段階なのかを常に意識してメンバーに接することです。

「Aさんは心の窓がまだ3分の1しか開いていないな」
「Bさんとは昨日までの仕事が成功したことで、心の窓が全開になった」

そのメンバーが5段階のどの段階なのかの判断は、リーダーの感覚、リーダー自身の主観的な判断でかまいません。客観的な判断ではなく、あくまで主観的でいいのです。

リーダーにとっての理想は、チームメンバー全員の「心の窓」が全開になることですが、私の研修を受講したリーダーに聞くと、3分の1から3分の2ブラインドが開いているメンバーが多いようで、なかなか全開のメンバーはいないようです。

冒頭に、なかなかチームを成功に導けずに悩んでいるリーダーが多いと述べましたが、このあたりにも原因の1つがありそうです。

信頼関係というのは、一朝一夕に築けるものではありません。場合によっては1年、2年かかることもあります。

その意味でも、3年目が、リーダーにとって真価が問われる年になるのです。メンバー**一人ひとりとの信頼関係が築けてはじめてチーム力が向上し、大きな成果につながるの**ですから。

PROLOGUE
なぜ3年目が大切なのか?

「心の窓」5つの段階

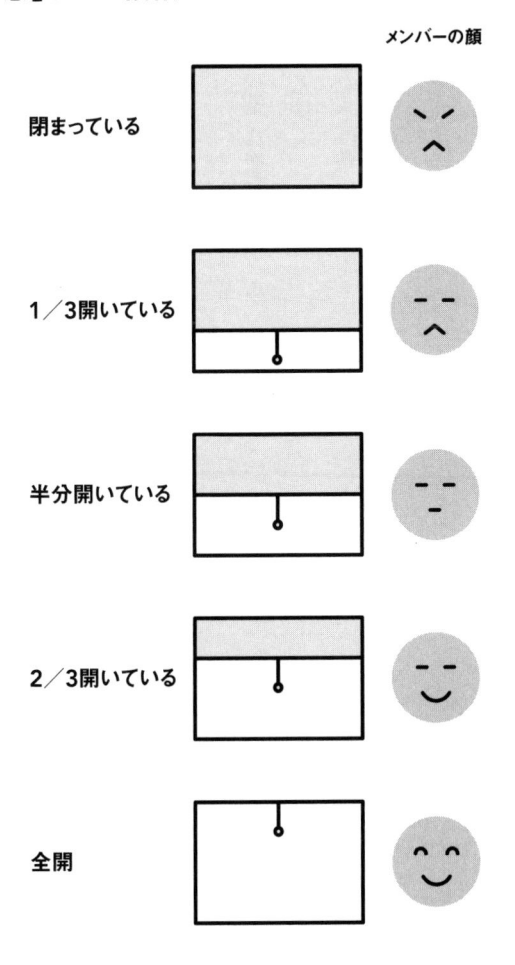

メンバーの顔

閉まっている

1／3開いている

半分開いている

2／3開いている

全開

信頼関係を築く4つの重要ポイント

それでは、どうすればメンバーとの信頼関係を築くことができるのでしょうか？

私は、次の4つが信頼関係を築くうえで大変重要なポイントだと考えています。

① 正直、誠実な態度で接する
② 話をよく聞く
③ コンタクト回数を増やす
④ 「宝物」だと思う

メンバーに対して「正直、誠実な態度で接する」ことで信頼関係を築くことができます。

裏を返せば、メンバーにウソをついたり、いい加減な態度でメンバーに接していては、信頼関係を築くことなど絶対にできないということです。

PROLOGUE
なぜ3年目が大切なのか？

「メンバーに対してウソをつくことなんてありませんよ」

そう言うリーダーが多いのですが、**「本当に正直にすべての情報をメンバーに与えていますか?」** と聞くと、シドロモドロになるリーダーがいます。

たしかにウソはついていないかもしれませんが、意図的にある情報を隠したり、伝えなかったりすることはあるのではないでしょうか。

さらに、**メンバーからの報告や相談をパソコンを見ながら聞いたり、まったく別件の資料を見ながら聞いたりした経験はありませんか?**

リーダーが忙しいのはよくわかります。同時にやったほうが効率的なのもわかります。

しかし、メンバーから見たとき、そのリーダーはどのように見えるでしょうか。

「私の報告なんて、さほど重要じゃないんだな。なら、適当に言っておくか」

メンバーがそう考えたとしても致し方ないのではないでしょうか。

あげく、トラブルが起こると次のようなことも起こりえます。

リーダー 「なぜ、トラブルになる前に私に報告しないんだ」
メンバー 「一昨日、ご報告しました」

リーダー「いや、そんな報告は聞いていないぞ」
メンバー「いえ、たしかにA社に訪問した一昨日の夕方、報告しました」

これはリーダーもメンバーもウソをついているわけではありません。

メンバーは報告したのですが、リーダーがいつものようにパソコンを見ていたため、トラブルになりそうだとは言わずにあらましを報告するだけにしたのです。

リーダーも重要な報告とは考えなかったため記憶に残っていないのです。

これではお互い疑心暗鬼になってしまい、信頼関係など築けるわけがありません。このメンバーの「心の窓」は完全に閉まってしまうことでしょう。

「正直、誠実な態度で接する」というのは、やっているようでいて、よほど気にかけていないと、実際にはついついおろそかになってしまうポイントなのです。

しかも、**たった一度、不誠実な態度をとったがために、せっかくこれまでに少しずつ築いてきた信頼関係がすべて壊れてしまう**ということも起こります。

「たった一度」ですべてが台無しになってしまうのです。

PROLOGUE
なぜ3年目が大切なのか？

メンバーに対して「正直、誠実な態度で接する」ことに関しては、リーダーはいつ何時も気を抜けないということを肝に銘じてください。

仕事の手をとめてメンバーの話に集中する

メンバーの「話をよく聞く」というのは、先ほどの事例とも通じるところです。

何か別のことをしながら聞く「ながら聞き」は今日から一切やめてください。

どんなに忙しくても話を聞くときは相手の目や顔を見て、できたらメモを片手に聞くことをおすすめします。実際にメモしなくても、メモの用意をして聞いていると、話す側も「正確に話さなくては」という意識が芽生え、「大事なことを伝えなきゃ」と感じます。

メンバーが「報告（相談）があります」と言ってきたとき、急ぎの仕事で手が離せないということもあるでしょう。そのときは、急を要する内容かをまず聞き、そうでないなら、「ちょっと今、手が離せないから10時にしてもらえないかな？」と話を聞く時間をその場

で調整してください。

メンバーは「後回しにされた」という悪感情をもつことはあまりなく、「リーダーは忙しくて大変だな。テキパキ要点だけ報告できるようにしておこう」と前向きにとらえてくれるはずです。

ちなみに、この「ながら聞き」は夫婦関係、親子関係にも当てはまります。朝ごはんのときに、新聞を読み「ながら」妻の話を聞いたり、子どもの話を聞いたりしていませんか？ 仕事で疲れて帰ってきたからと聞いている「ふり」だけして、右の耳から左の耳に話が抜けていっていませんか？

それでは、信頼関係を最も築きやすい夫婦関係や親子関係であってさえも少しずつ壊れてしまいますから注意してください。

話は途中でさえぎらずに最後まで聞く

PROLOGUE
なぜ3年目が大切なのか？

さて、「ながら聞き」以外に、メンバーの話を聞く際に絶対にやめてほしいことがもう1つあります。それが、相手の話を突然さえぎることです。

リーダーとしては良かれと思って、話の途中で先回りして結論を自分が言ってしまうことがあります。

「ああ、それはこういうことだろう。ならこうすればいいんだ」

メンバーが話している途中で、突然話をさえぎり、一方的にリーダーが話しはじめる。

これも一見、時間の節約になりますし、ものわかりの早いリーダーであるように見えます。

しかし、リーダーが先回りした結論が、メンバーの報告したかった結論であるとは必ずしも限りません。最後に別の伝えたいことがあったかもしれないのです。

リーダーに一度、話をさえぎられてしまうと、メンバーはなかなか本当に伝えたかったことが言えなくなってしまいます。 つまり、リーダー自らが貴重な情報が入ってくるのを寸前のところでさえぎった可能性があるのです。

頭の回転の早い、仕事ができる人ほど相手の話を先回りして話しがちですが、先回りがいつも効率的とは限りませんし、**何よりメンバーと信頼関係を築きたいなら、相手の話を**

最後まで聞く「少しの忍耐」を身につけてください。

グッドリスナーが意識している3つのこと

グッドリスナーになるためには、ヒアリング（Hearing）、アンダースタンド（Understand）、リアクト（React）の3つを意識することが大切です。

① まずは相手の話を最後まで聞きます→ヒアリング
② そして相手の話の内容をしっかり理解し評価します→アンダースタンド
③ それからアドバイスや許可を与えます→リアクト

頭のいい人ほど、自分が何を話すかを重要視します。

「次はこれをしゃべろう」
「このことを教えてあげよう」

PROLOGUE
なぜ3年目が大切なのか？

7：3が会話のゴールデン比率

相手	:	自分	
10	:	0	会話ではない
9	:	1	相手の話をコントロールできない
8	:	2	
7	:	3	ゴールデン比率
6	:	4	普通の会話で「聞き役」に回れていない
5	:	5	

　営業でも自分がたくさん話さないとお客さまを説得できないと考えている人が多いのですが、実はお客さまの話をたくさん聞いてあげて、それに応えるほうがお客さまの納得感は高まります。

　なぜなら、話を聞くことで信頼関係を表す「心の窓」が開いてくるからです。

　リーダーは自分が「話す量」ではなく、「聞く量」が重要なのです。人は自分の話を聞いてくれる人を信頼するのです。

　目安としては相手が「7」話して、自分が「3」話すくらいの感じです。7：3ということは、自分が話す倍以上、相手が話しているということです。

33

人は自分が話せば話すほど心の窓が開く傾向にあります。また、相手が倍以上多く話してくれるということは、それだけ相手の置かれている状況や気持ち、関心度合いなどの情報を多く収集できます。これらの情報がリーダーに必要不可欠であることは言うまでもありません。

相手にほとんど話してもらって、自分はやさしく相づちを打って聞き役に回る。たまに質問をしたり、確認をしたりしますが、自分のことはほとんど話しません。それでちょうど7：3ぐらいです。

聞き役に回っているつもりでも、自分の考えや意見を話すと、とたんに5：5以上に自分が話す結果になりますので要注意です。

私の経験では、相手が7、自分が3という比率がもっとも自然で会話が弾みます。

これが、8：2や9：1になれば、さらに相手が多く話していることになりますが、これではあまりに一方的に相手が話しすぎることになり、会話をハンドリングすることができません。

「リーダーは聞き役」といっても、聞きたいこと、聞いておかなければならないことが必

PROLOGUE
なぜ3年目が大切なのか？

長時間話すよりも会話の回数を増やす

信頼関係を築く3番目のポイントは、「コンタクト回数を増やす」です。

単純にメンバーと接する回数を増やせばいいだけです。不思議に思うかもしれませんが、**人はどんなに短くても接する回数が増えれば増えるほど、心の窓が開きます。**

私は講演やセミナーを行う際、開始時間の20分くらい前に会場に入ります。早く来ている人には「今日お話をさせてもらう小森です。よろしくお願いします」と軽く挨拶をして、マイクや資料をチェックします。その後、会場から控え室にいったん戻ります。

5分後、また会場に入って行き、「新たに来られた人も増えてきましたね」などと言ってまた軽く挨拶します。こうして会場と控え室を数回往復してコンタクト回数を増やして

ずあるはずです。そうした内容をしっかりと聞くためには、**質問や確認で会話をハンドリングすることが重要なのです。その意味でも7:3がゴールデン比率**だと思います。

から講演やセミナーを開始すると、スムーズにはじめることができます。20分前に来ていた人とは、すでに3〜4回コンタクト回数がありますので、今日はじめて会ったとは思えないほど、お互いに親しみがわいてきています。

はじめて会う人ばかりだと人は緊張します。緊張している人が多い会場は、何とも言えないイヤーな緊張感が漂います。お互いに牽制し合うような雰囲気です。

しかし、何人か知り合いの人がいると会場の雰囲気が幾分なごむように、はじめて会う人ばかりであっても、直前にコンタクト回数を増やしておけば、会場の雰囲気が緊張感に支配されることなくなごむのです。

リーダーとメンバーは毎日顔を合わせる関係ですから、とくに意識しなくても十分なコンタクト回数があるのでは？　そう思われているかもしれません。

ただ、双方が2時間の会議に一緒に出席しても1回は1回です。**長く一緒にいることよりも回数が重要**なのです。

朝、きちんと相手の顔を見て挨拶すれば1回。

PROLOGUE
なぜ3年目が大切なのか？

ミーティングで顔を合わせて1回。
昼ごはんを一緒に食べに行って1回。
夕方に5分間、報告を聞いて1回。
帰るときに挨拶をして1回。
全部足しても2時間の会議よりも一緒にいる時間は短いですが、コンタクト回数は5回あり、こちらのほうが心の窓が開きます。

職場に出入りするときに行う挨拶は、メンバーみんなに言っているつもりでも、誰も「自分に挨拶してくれた」とは思っていません。その証拠に、メンバーもパソコンを見たまま挨拶を返していたりします。これはコンタクトに入りません。

こうした形式的な挨拶とは別に、「○○さん、おはよう」と明らかにその相手に対して挨拶をしてはじめてコンタクトになります。

ときどきは、「アレ、髪切った？」とか、「昨日は遅かったの？」など、ちょっと一言そえると、相手は「見られているな」「気にかけてもらえているな」と感じます。これも心の窓を開くことにつながります。

期待は言葉にして具体的に伝える

信頼関係を築くポイントの4番目は、メンバーを「『宝物』と思う」ことです。

「えっ、メンバー全員を宝物とは、ちょっと思えそうにないなぁ」

そんな正直な感想を述べてくれる人がリーダー研修でも必ずいます。

人には好き嫌いもありますし、合う合わないも、もちろんあります。そうした感情をいったん横に置くために、「過去は1回忘れてください」とお願いします。

そして、まっさらな状態で「将来」に期待してもらいます。

「Aさんには、1年後、こんな仕事をやってもらいたいな」

まずはリーダーがメンバー一人ひとりの将来に期待することが重要です。期待しているか、期待していないかは知らず知らずのうちに相手に伝わってしまいます。

「私は期待されていないんだ」──そう感じたメンバーがリーダーを信頼することはあり

PROLOGUE
なぜ3年目が大切なのか？

ID ませんし、これまで以上の実績をあげることもありません。

リーダーが期待をもってメンバーに接していれば、それはメンバーに自然と伝わりますが、ハッキリと相手に期待する行動について具体的に言葉にして話してみるのも有効な方法です。

日本人は以心伝心を好みますが、なかなか伝わらないことも多いもの。とくに苦手意識のある人に対しては伝わりにくい側面がありますから、ハッキリと「あなたにはこういう役割を期待しているんだ」と話すことで相手にきちんと理解してもらいましょう。

最初は「そんなに期待されても……」とメンバーが感じるかもしれませんが、期待されていること自体はうれしいと感じるはずです。

そして、期待に応えるような行動が少しでも見られたなら、すかさずホメましょう。

「あっ、これやってくれたんだ。ありがとう。期待していたとおりの結果だよ」

期待している行動に関する情報があれば、積極的に与えるようにしたり、何かにつけて話題にしたりするのも効果的です。

メンバーは敵ではなく「あなたの味方」

「そうは言っても……」という声が聞こえてきそうなので、さらなる具体的な実践法をいくつかご紹介しましょう。

たとえば、ウマが合うAさんと、ちょっと苦手なBさんがいたら、まずはコンタクト回数を同じにすることをめざします。

Aさんと1日平均7回のコンタクト回数があるとすれば、Bさんに対しても7回コンタクトをとるように工夫します。トイレに行った帰りに一声かけるとか、ちょっと呼んで「あの件どうなってる？」と聞くなど、やり方はいろいろあると思います。

必ずしも仕事の話でなくてもいいと思います。野球やサッカーが好きなら試合結果や選手の話をしてもいいですし、料理やお酒、おいしいお店の話でもかまいません。

1回のコンタクトは1〜3分。ちょっとした立ち話でいいのです。

PROLOGUE
なぜ3年目が大切なのか？

また、どうしても宝物とは思えないという人は、単純に自分の「味方」なのだと考えてみてはいかがでしょう。

同じチームのメンバーなのですから「敵」であるはずはありません。宝物とまでは思えなくても「味方」としてとらえ直すことができれば、あなたのそのメンバーに対する言葉や態度が変わります。あなたの言葉や態度が変われば、それが相手にも伝わりますから、何か変化が生まれるはずです。

その変化をうまくとらえてホメたり、ポジティブなフィードバックを与えたりできると心の窓が少しずつですが開いていくのではないでしょうか。

まずは一人ひとりと信頼関係をつくることに集中する

リーダーがメンバーとの信頼関係を築くうえで重要な4つのポイントについて述べてきました。どれも重要なのですが、なかでも2番目の「話をよく聞く」ことがリーダーにとっ

ては最も重要になります。

ぜひ、ヒアリング、アンダースタンド、リアクトの3つを意識してグッドリスナーをめざしてください。

さて、あなたがリーダーとして現在チームを率いているなら、44ページの「信頼関係を築くチェックシート」を使って、メンバー一人ひとりについてチェックしてみましょう。

もし、「1（Bad）」があるメンバーがいたら、まずはそのメンバーに対して、その項目を「2」にすることを目標にします。「2」が最低なら、その「2」を「3」にすることが目標になります。

まずは「1」と「2」を撲滅することからはじめてください。

そのときに必ず期限を区切りましょう。たとえば、「今月中に2にする」といった具合です。そうすることで、そのメンバーに対する集中力がより高まります。

リーダーには「リーダーシップ」「メンバー育成」「マネジメント」の3つの役割があると述べましたが、**どの役割を果たすにもメンバーとの信頼関係が不可欠**です。

PROLOGUE
なぜ3年目が大切なのか？

つまり、どんなにリーダーシップ能力があっても、どんなにメンバー育成に多くの時間をかけても、どんなに優れたマネジメントの仕組みを導入しても、メンバーとの信頼関係が築けていなければ砂上の楼閣にすぎないということです。

砂の上では何をやってもダメです。まずは地固め。**人と人がつくるチームにおける地固めとは、まさに人間関係、信頼関係の構築にほかなりません。**

あせることなく、たゆむことなく、信頼関係の構築に常に全力を注ぎましょう。

信頼関係を築くチェックシート

相手の名前(イニシャル可)： 小森太郎(メンバー)

その人との現在の状況はいかがですか?
最も近いと思う番号に○をしてください。

(1がBad、5がGood)

①正直、誠実な態度

約束を守る、言葉遣い、態度、誠意をもって
接しているか?
Respect(尊敬)の精神を持っているか?

Bad　　　　　　　Good
1　②　3　4　5

小森君の目を見て
挨拶できていない

②相手の話をよく聞く

しっかりと相手の話をよく聞いているか?
自分ばかり話してないか?
相手の気持ち、事実、状況を理解しているか?
相手のものの考え方、価値観を理解しているか?

Bad　　　　　　　Good
1　②　3　4　5

小森君が黙り込んでしまうので
自分が話している

③コンタクト回数

定期的に会って会話をしているか?
(廊下ですれ違うなどは回数に入れない。
意識して会って会話をして1回とする)

Bad　　　　　　　Good
1　②　3　4　5

忙しいを言い訳に
面談ができていない

④相手を「宝物」と思う

相手のことを「将来すばらしい人に成長する
可能性がある」と信じているか、その逆か?
(現在は、相手が期待する成果を上げられてい
ないかもしれない。大事なことは、将来に期待す
ることである)

Bad　　　　　　　Good
1　②　3　4　5

会話のリズムが合わず、
相性も決してよいとは思えない

平均点を出してください

Bad　　　　　　　Good
1　②　3　4　5

PART 1

リーダーシップを身につける

01 基本は「3つのE」

> リーダーシップは身につけていくもの

プロローグでお話したように、リーダーには、「リーダーシップ」「メンバー育成」「マネジメント」の3つの役割があります。このPARTでは、1つ目の「リーダーシップ」について一緒に考えてみましょう。

早速ですが、質問です。

リーダーシップとは、次の2つのうちのどちらだと思いますか?

はよく言われることです。よく言われるということは、それだけ多くの人々がリーダーの役割として大事だと考えている証拠です。

しかし、「ビジョンを描く」には、単にビジョンや目標を決めることのほかに、実はもう1つ重要な仕事が隠されています。それが何だかわかりますか？

「ビジョンを描く」＝「ビジョンや目標を決める」＋「？」

私は、ビジョンや目標を決めるだけではリーダーの役割として不十分だと考えています。なぜなら、それだけではビジョンや目標が達成できるとは限らないからです。ビジョンや目標を達成するためには、そのためのアクションプラン——誰が、何を、いつまでにやるという行動計画が必要不可欠です。

「ビジョンを描く」＝「ビジョンや目標を決める」＋「アクションプランを立てる」

1年後に達成したい目標も、「3カ月後にここまでやる」「半年後には最低でもここまで

50

PART1 リーダーシップを身につける

ビジョンとアクションプランをセットで考える

リーダーシップを身につけるにあたって、私がP&Gで学んだのが「3つのE」です。

① Envision→ビジョンを描く
② Energize→火をつける
③ Enable→決意させて結果を出す

どれも日本人にはあまりなじみのない英語だと思いますので、とくに覚える必要はありません。日本語の「ビジョンを描く」「火をつける」「決意させて結果を出す」という3つのほうをぜひ覚えてください。

まず1つ目のE・Envision「ビジョンを描く」です。

「リーダーはチームのこれからのビジョンを描け」「チームの進むべき目標を掲げよ」と

ただ、そんな彼らは「限られた少数の選ばれし者」なのではないでしょうか。

凡人の想像を絶するような努力をしているはずだからです。

実際、多くの人たちが、いろいろなことを学び、体験しながらリーダーになっていくのを私はこの目で見てきました。日本人に限らず、アメリカ人でも、ヨーロッパ人でも、アジア人でも**「生まれながらのリーダー」は少数で、多くのリーダーはリーダーシップを学んで身につけてリーダーになっていく**というのが、私がP&Gをはじめとしたいくつかの外資系企業で見てきた事実です。

一チームメンバーだったとき、私から見ても「この人、大丈夫かな？ リーダーになれるのかな？」という人もいました。

しかし、そんな人でもリーダーシップの基本を学び、考え方やスキルを少しずつ身につけることで3年間のうちに立派なリーダーになっていました。

みなさんも、リーダーシップは**「もって生まれた資質である」**と考えるのではなく、自分の意識や行動を変えることで身につけられるものだと考えてみてください。

48

PART1 リーダーシップを身につける

A　もって生まれた資質である
B　生きていく中で身につけるものである

研修の中でこの質問をすると、毎回、AとBで意見が分かれます。

私は、リーダーシップは後者の「生きていく中で身につけるもの」だと考えています。だからトレーニングすれば、誰にでも身につけられると思っていますし、リーダーシップを身につけられない人はいないとすら考えています。

「私はリーダーに向きません」と言う人たちや、「リーダーにはちょっとなれそうもないなあ」と思っている人もいるかもしれませんが安心してください。**どんな人でも、その気さえあればリーダーになることは可能です。**

もちろん、「生まれながらのリーダー」という人たちもいます。

私が思うには、たとえば松下幸之助やスティーブ・ジョブズといった人たち、彼らはたしかに「生まれながらのリーダー」と言えるかもしれません。なぜなら、歴史に名前を残すようなすばらしい業績を達成するには、もって生まれた類い希なる才能に加え、私たち

PART1 リーダーシップを身につける

進める」という行動計画がなければ、絵に描いた餅になりかねません。1年後に、「目標は立てたけど、今日まで忘れていた」などという笑えない話も実際にあります。

ビジョンや目標を決めるだけでは、リーダーとして半人前。

3年目のリーダーであれば、必ずそれらを達成するためのアクションプランを同時に作成することを絶対に忘れないでください。

アクションプランは詳細に作成する必要はありません。ビジョンや目標に向かって「誰が、何を、いつまでに」やるかがわかれば十分です。あとは、3カ月後なら3カ月後、半年後なら半年後にきちんと進捗状況のチェックを行い、遅れているメンバーがいれば、リカバリー方法を考えて最終的な帳尻が合うように計画に修正を加えて実行に移します。

たとえば、

「3年後にはチームで売上5億円を達成したい。そのためには2年後には3億円、今年は2億円の目標にしよう。それには来月は2000万円、A君は新規開拓で500万円、B さんは既存得意先で800万円、C君はキャンペーンで700万円の目標にしよう」

「自信がない」「時間がない」「予算がない」は禁句

2つ目のEはEnergize「火をつける」です。

もちろん、火をつける場所はメンバーの心。メンバーを元気にして、モチベーション高く仕事をしてもらうのもリーダーの仕事です。

そのためには、まずリーダー自身に絶対に守ってもらいたい約束があります。それは、次の3つの言い訳を今後一切しないという約束です。

① 「自信がないから」と言い訳をしない
② 「時間がないから」と言い訳をしない
③ 「予算がないから」と言い訳をしない

ここまで考えて、はじめてビジョンを描いたことになるのです。

PART1 リーダーシップを身につける

リーダーがこうした言い訳をするチームは、湿った木炭のようになかなか火がつかず、くすぶるだけです。リーダーが3つの言い訳をしないと約束し、それを守って行動していれば、メンバーにもこうした言い訳をしない覚悟が芽生えはじめます。

リーダーであっても、やることすべてに自信があるわけではないでしょう。しかし、リーダーが「自信がないから」と言い訳ばかりして実行に移さないでいたら、チームはどうなるでしょうか?

実行しなければ結果は出ません。結果が出なければ自信もつきません。

まずは実行することです。実行すれば成功することもあります。それが自信になります。

「自信はあとからついてくるもの」という考え方で、まずは一歩を踏み出しましょう。

リーダーが忙しいのは当然です。ただ、どんなリーダーにも、そしてメンバーにも1日24時間は平等に与えられています。その使い方、**タイムマネジメントを工夫することによって時間を生み出すことが重要**なのです。

リーダーに求められるのは、予算がない中で何ができるかを考え実行することです。ふんだんに予算のある仕事など世の中にほとんどありません。**限られた予算をどこに集中的に使うかがリーダーの腕の見せ所なのです。**

さらに付け加えるなら、限られた予算で結果を出し、次回は今回以上の予算をとってくるのもリーダーの仕事になります。

「自信がないから」「時間がないから」「予算がないから」という3つの言い訳は、リーダーにとって禁句であるということを今一度、肝に銘じてください。

自分の感情をコントロールする3つのメソッド

言い訳をしないリーダーが、メンバーの心に「火をつける」ためにやるべきことは3つです。

PART1
リーダーシップを
身につける

① **体の動きを変える**
② **頭の中を変える**
③ **独り言を変える**

「体の動きを変える」とは、たとえば、多少無理にでも笑顔をつくったり、声のトーンを上げたり、少しだけ大きな声で話したり、背筋をピンと伸ばしたりといったことです。

とくに、「今日はちょっと疲れていて、やる気が出ないなあ」と思ったときほど、**自分を鼓舞するように意識的にたくさん声を発したり、目線を上げたり**してください。

「頭の中を変える」とは、たとえば、営業に行く前に契約書にお客さまがハンコを押してくれるシーンを頭の中に思い浮かべたり、今月の目標が達成できてチームみんなで喜んでいるシーンを想像したりすることです。

失敗したことや辛かった過去を思い出すのではなく、**成功する楽しい未来をイメージす**るようにします。

最後に、無意識につぶやく「独り言を変える」ようにします。

「ああ疲れた」「今日も暑いなあ（寒いなあ）」「今日も気持ちいいなあ」と言わずに、「よしっ」とか「よっしゃ、やるぞ」「おっ、いい感じ」「今日も気持ちいいなあ」という独り言が自然と出るように心がけます。「ああ疲れた」とつい言ってしまったら、すぐに「いやいや、まだまだっ」と付け加えるようにします。

「私は、ついついネガティブな言葉ばかり口にしてしまう」と思っている人も、なんら心配することはありません。

ある心理学者の調査によれば、独り言の8割はネガティブな言葉だそうです。つまり、人はネガティブな言葉を口にすることが多いのがフツウなのです。

独り言のうち、ネガティブな言葉とポジティブな言葉の比率が「8：2」がフツウなら「7：3」に変えるだけでいいのです。 それくらいならできそうだと思いませんか？

こうしてリーダーであるあなたの「体の動き」「頭の中」「独り言」がちょっと変わることで、チームが変わります。

「えっ、こんなことでホントにチームが変わるの？」と疑いをもつ人もいるかもしれませ

PART1 リーダーシップを身につける

んが、1日3つの独り言がネガティブからポジティブに変われば、3×365日＝1095ですから、なんと1年で約1000回もの独り言がポジティブなものに変わるのです。

体の動きや頭の中も、1日たった3回の動きやイメージが変わるだけでも、それを継続すれば1年間で1000回以上、3年間で3000回以上もポジティブな動きを行い、ポジティブなイメージを思い浮かべたことになるのです。

これは大きな違いを生み出します。まずリーダーであるあなた自身のポジティブさが明らかに変わります。そして、**ポジティブなリーダーと接することで、メンバーにもジワジワとポジティブさが伝わり、チーム全体に変化が現れはじめるのです。**

「感情というのは湧き出るものだからコントロールすることはできない」と考えがちですが、日常の感情なら「体の動き」「頭の中」「独り言」を変えることでコントロールすることも可能です。

ぜひリーダーである自分自身の感情をコントロールして、チームに火をつけてください。

57

メンバーのコミットメントレベルを把握したうえで引き上げる

3つ目のEがEnable「決意させて結果を出す」です。

「決意する」のも、「結果を出す」のもメンバーです。リーダーの役割は、メンバーに決意を促し、行動をサポートすることで結果を出してもらうことです。

日本でもよく耳にするようになった「コミットメント」という言葉がありますが、これが決意のことです。コミットメントには、次の5つのレベルがあります。

レベル1：目標にも、それを達成することについても興味がない。
レベル2：目標を達成したいとは思っているが努力はしたくない。ダイエットなどでよく見られる段階。
レベル3：できるかもしれないのでやってみよう、とりあえずやろう。メンバーの多くはこの段階であることが多い。

PART1
リーダーシップを
身につける

レベル4：最善の努力をする。
レベル5：どんなことがあってもやり遂げる意志がある。

メンバーのコミットメントレベルを5に近づけるのがリーダーの仕事になりますが、そのためには、まずリーダー自身のコミットメントレベルが「5」である必要があります。リーダー自身の目標達成意欲が低ければ、当然、メンバーの意欲も低くなります。

61ページの「コミットメントレベルのチェックシート」で、チームメンバー一人ひとりの現状を、まずは評価してみてください。

メンバー一人ひとりの現状を把握したら、「1」「2」の低いレベルのメンバーを「3」に引き上げることを最優先に考えます。

「どうすればコミットメントレベルの低いメンバーの意欲を高められますか？」と聞かれることもありますが、その答えはそのメンバーの中にあります。つまり、人によってケースバイケースであり、「これをやれば誰の意欲でも高まる」といった1つの正解があるわけではありません。

「なぜ目標に関心がないのか」「努力しない理由は何か」など、メンバー一人ひとりにじっ

くり向き合って、コミットメントレベルが低い理由を考えてみてください。

そして、一気に2段階、3段階コミットメントレベルを上げようなどとは考えないことです。魔法のような方法はありません。1つずつが基本です。

メンバー全員のコミットメントレベルが「3」以上になったら、次はそれぞれのメンバーのレベルを「4」「5」へと引き上げていくことを考えます。

このときもまた、1つの正解があるわけでなく、それぞれのメンバーによって火がつきやすいポイントが違います。

メンバーの「心の窓」を開こう、信頼関係を築こうとする日頃の人間関係の中から、そうしたポイントが少しずつ見えてくるのです。

リーダー自身の心にスイッチを入れる方法

リーダーシップを身につけるために、私がP&Gで学んだ「3つのE」について述べてきました。

PART1
リーダーシップを身につける

コミットメントレベルのチェックシート

コミットメントレベル

1 したくない(計画の目標と結果の両方に対して興味がない)
2 計画の結果、報酬は好きだが努力はしたくない
3 できるかもしれない。やってみようという意思がある
4 最善の努力をする
5 どんなことがあってもやりとげる

メンバーの今月の仕事に対するコミットメントの度合いは何番ですか?

メンバーAさん　5

やる気満々、リーダーの私の指示以上に、高い目標を設定して実行している。成果は常に私の期待を上回っている。自ら後輩を集め、商談力向上勉強会を開いている。

メンバーBさん　4

リーダーの私の指示を忠実に実行している。成果も8割以上毎回達成している。

メンバーCさん　3

リーダーの私の指示をまじめに実行しているが、新しいアイデア等は出てこない。それほどやる気の高さは感じられない。成果の達成度は、チームの平均である。

メンバーDさん　2

リーダーの私の指示をしっかりと実行できていない部分がある。仕事の成果は平均以下。仕事に集中できない悩みを持っている。話し合いが必要。

メンバーEさん　1

仕事に集中できていない。休みがちで、レポートも提出されていないことが多い。仕事の成果は、ほとんど出ていない。家庭問題で悩んでいるようで、会社を辞めることも考えているようだ。

1つ目のEは「Envision ビジョンを描く」。ビジョンや目標を決めるだけではなく、達成のためのアクションプランを同時に立てる点がポイントです。

2つ目のEは「Energize 火をつける」。メンバーの心に火をつけるために、リーダーは3つの言い訳をしないことと、「体の動き」「頭の中」「独り言」という無意識にやってしまうことを意識的にポジティブに変えるのがポイントです。

3つ目のEは「Enable 決意させて結果を出す」。メンバー一人ひとりのコミットメントレベルを把握し、低いメンバーをまずは「3」に引き上げる点がポイントです。

次ページは、リーダーとしてのあなたの「3つのE」のレベルを評価するためのチェックシートです。

自分の現状を冷静に把握しましょう。低い点が多くても落ち込む必要はありません。低い点を1つ、また1つと上げていけばいいだけです。

誰でもリーダーになることはできます。そのための重要なポイントもわかっています。あとは、できていない点が把握できたら、あとは、できていない点、できていない点を把握し、自分がリーダーとしてできている点、できていない点が

PART1
リーダーシップを
身につける

リーダーシップの「3つのE」チェックシート

現在の状況はいかがですか?
最も近いと思う番号に○をしてください　　　　　　　　　(1がBad、5がGood)

1) Envision（ビジョンを描く）

目標、ビジョンを描く力
明確な組織の目標と戦略をもっているか?
それをチームメンバー全員に伝えているか?

Bad　　　　　　　　　　　Good
1　②　3　4　5

目標は伝えているが
戦略と個人の役割分担を
明確にしていない

2) Energize（火をつける）

コミュニケーション&コミットメント（決意）
メンバーの話を聞いて、
目標への合意、決意をとりつけているか?
メンバーはやる気になっているか?

Bad　　　　　　　　　　　Good
1　②　3　4　5

メンバー一人ひとりの
コミットメントを
理解できていない

3) Enable
　　（決意させて結果を出す）

メンバーに結果を出させてあげているか?
始めはできないメンバーを
サポート、援助しているか?
Make it happen! 事を起こしているか?

Bad　　　　　　　　　　　Good
1　②　3　4　5

忙しいことを言い訳に
メンバーをサポートできていない
結果も出させていない

平均点を出してください

Bad　　　　　　　　　　　Good
1　②　3　4　5

ないことをできるようにするだけです。

そのためのアドバイスは次のとおりです。

「Envision ビジョンを描く」の自己評価が低かった人は、自分にこう問いかけてみてください。

「本当に自分の頭で考えているか？　上司や先輩、親やマスコミの考えをそのまま自分の考えにしていないか？」

日頃の忙しさにかまけて、他人の意見をそのまま拝借していては、いつまでたってもワクワクすることに出会えません。

自分の「心の中の声」に耳を傾けて、常識や体面などにとらわれずに素直に考えることが夢やビジョンをもつことへの第一歩になります。

「自分で決めた目標やビジョンがあるか？」

上司の指示による目標やビジョンではワクワクしません。仕事でなくても、プライベー

PART1 リーダーシップを身につける

心の中に生まれはじめます。

「自分で考えること」「自分で目標やビジョンを決めること」ができれば、ワクワク感が

トでもいいですから自分が決めた目標やビジョンをまずは1つもつようにしましょう。

あとはアクションプランです。

「誰が、何を、いつまでに」やるかを自分で考え、自分で決めて、ワクワク感とともに自分で実行します。そうすれば、目標やビジョンが達成でき、さらなるワクワク感、新たな目標やビジョンへとつながっていくことでしょう。

「Energize 火をつける」の自己評価が低かった人は、「マネっこ」からはじめるのも、1つのコツです。

たとえば、**尊敬する経営者やスポーツ選手、俳優はどんな「体の動き」をしていますか？** どんなことを「頭の中」でイメージしていそうですか？ どんな「独り言」をつぶやいていそうですか？

アップルを創業したスティーブ・ジョブズを尊敬しているなら、ユーチューブで彼のプレゼンテーションを見てみる。英語がわからなくても、歩き方や手の使い方、目つき、声の抑揚、発声のタイミングなどはわかるはずです。

そして、それをちょっとだけマネしてみましょう。

ジョブズに関する本を読んで、ジョブズの「頭の中」や「独り言」を想像してみます。

「独り言」は、たいていネガティブになります。そこで、私が昔、実際にやっていたかんたんな方法を紹介します。

それは、「1歩歩くたびにひと言つぶやく」という方法です。道を歩いているときに「私は成功している」「私は一流のビジネスマンだ」「私はトップセールスを達成している」と現在進行形でつぶやきます。同じ言葉を何十回も、何百回もつぶやきましょう。

はじめは、かなり違和感があると思います。しかし十回、百回、千回とつぶやくうちに、何かが変化してきます。

「Enable 決意させて結果を出す」の自己評価が低かった人は、まず自分のコミットメン

PART1 リーダーシップを身につける

トレベルを上げることを考えましょう。

「何がなんでもやってやる」と、強く決意するためにはどうすればいいのでしょうか？ 少々根性論になりますが、はじめはがむしゃらにやることです。**一度でいいから命がけでやってみてください。そして、小さな成功を重ねることです**。そうすれば、「やればできるんだ」ということがわかります。

自分自身のパワーを信じることも重要です。自分がこうと決めたら周りの意見は無視することも、ときには必要です。家族、友人、上司は、あなたのためによかれと思ってアドバイスをしてくれます。しかし、慎重論になることが多いのも事実です。

「やめといたほうが無難だよ」

「成功している人は少ないよ。安全策でいけよ」

これらの言葉をいつも受け入れていると、チャレンジしない人生になってしまいます。

「何がなんでもやってみせる」という決意があれば、たいていのことは達成できます。

とにかく、「よしやってやろう」のひと言を発することです。不思議なことですが、このひと言を自分の口から発することで、自分にスイッチが入るのです。

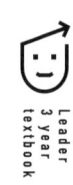

02 サーバント型リーダーをめざす

> 状況に応じてトップダウン型と
> サーバント型を使い分ける

このPARTの冒頭で、リーダーシップは「もって生まれた資質である」と誤解している人が多いのではないかと思い、そうではなく「生きていくなかで身につけるものである」と理解してほしいとお話ししました。

同様に、リーダーシップにはもう1つ大きな誤解があるのではないかと考えています。

「リーダーシップとは率先垂範で『俺についてこい！』とばかりに、メンバーをグイグイ

PART1 リーダーシップを身につける

「引っぱることだ」という誤解です。

たしかに率先垂範で「俺についてこい！」とばかりに、メンバーをグイグイ引っぱるリーダーシップが長らく求められていました。しかし、時代は変わりました。

車両をグイグイ引っぱる機関車から、全車両にモーターがついている新幹線に鉄道が変わったように、リーダーシップも機関車のようなトップダウン型のリーダーシップから、新幹線のようなサーバント型のリーダーシップが求められるようになっています。

サーバントという言葉には、「召使い」という意味もあるように、リーダーがメンバーの「召使い」であるかのごとく、「メンバーのために」考えて行動するのがサーバント型リーダーです。

ある意味で、トップダウンとは真逆のリーダーシップのタイプだと言ってもよいかもしれません。

ただ、ここで新たな誤解を生まないように強調しておきたいことがあります。それは、トップダウン型のリーダーシップが現在まったく必要なくなったわけではないということ

です。今でもトップダウンが必要な相手や場面は多々あります。コーチングが大きなブームになったときに、とある有名コーチがこう嘆いていました。

「何でもかんでもコーチングで対応しようとしても、それはうまくいくはずがありませんよ。トラブルやクレームのような緊急事態には、コーチングではなく命令や指示が必要に決まっているじゃないですか。

火事になったときコーチングで対応してたらみんな燃えちゃいますよ。まずはバケツで水をかけるなり、消火器を使うなりして火を消さないと……。それなのに、何でもかんでもコーチングで対応してダメでしたと言われてもね〜（苦笑）」

サーバント型のリーダーシップにも、実は同じ危惧があります。**何でもかんでもサーバント型のリーダーシップを発揮して、リーダーがメンバーのために奉仕するだけではダメだ**ということです。

新入社員メンバーにはトップダウンが必要ですし、緊急事態の対応もまた同様です。新規事業開発や営業の新規開拓などでも、トップダウン型のリーダーシップが求められます。

PART1 リーダーシップを身につける

大事なのは使い分けられることなのです。

使い分けるために知っておきたい3つのパワー

リーダーも3年目ともなれば、ひと通りの仕事を経験し、メンバーの特徴も心得ていることでしょうから、時と場合によって、トップダウン型が有効なのか、サーバント型が有効なのかを判断して、臨機応変にリーダーシップを使い分けることが求められます。

そのためには、リーダーシップについても自分なりに整理しておく必要があります。

私は、リーダーシップは大きく3つのパワーによって形成されていると考えています。

3つのパワーとは、次のとおりです。

① ポジショニングパワー（権力）
② マインドパワー（人道的な力）
③ フォロワーパワー（行動力）

これら3つのパワーと、そのパワーの源泉をまとめたのが次ページの表です。

ポジショニングパワーとは、かんたんに言ってしまえば権力のことで、「強制」「報酬」「正当性」の3つがそのパワーの源泉となります。

このポジショニングパワーを行使するほどトップダウン型リーダーになります。

マインドパワーとは人道的な力、リーダー自身の人間的な力のことで、「正義感」と「授与（Give）」の2つがその源泉です。

フォロワーパワーとは行動力のことで、「正確性」「一貫性」「許容」「開放性」の4つがその源泉です。このフォロワーパワーを行使するほどサーバント型リーダーになります。

「ポジショニングパワー」は基本的な力

ポジショニングパワーにおける「強制」とは、命令や指示、ときには脅しで無理矢理にメンバーを動かすことです。軍隊はまさにこの「強制」で動く組織と言えるでしょう。

「これがわが社の伝統的なやり方だから」といったかたちで強制が働くこともあります。

PART1 リーダーシップを身につける

リーダーシップの3つのパワーと9つの源泉

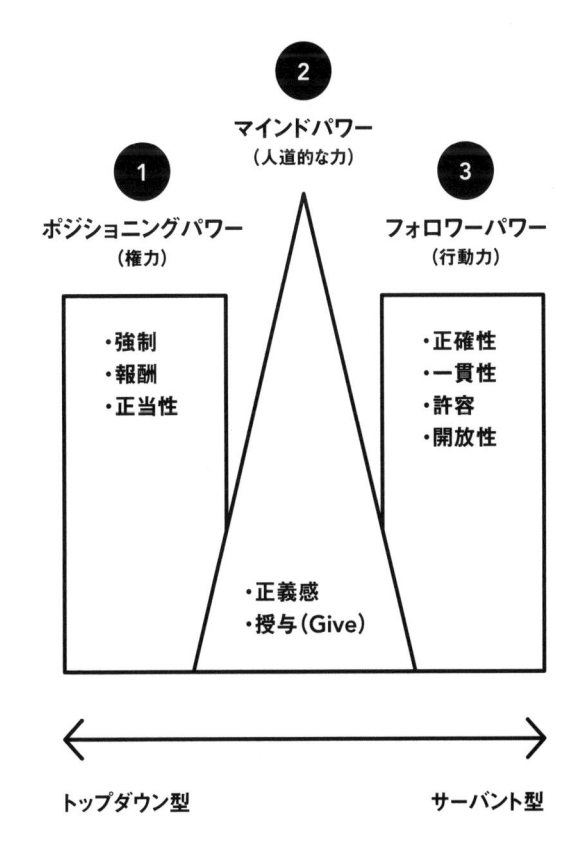

1 ポジショニングパワー
（権力）

- 強制
- 報酬
- 正当性

2 マインドパワー
（人道的な力）

- 正義感
- 授与（Give）

3 フォロワーパワー
（行動力）

- 正確性
- 一貫性
- 許容
- 開放性

←トップダウン型　　　　　サーバント型→

スピーディーに統制がとれるというメリットがある反面、メンバーが指示待ち族になりがちで自分から動かなくなるというデメリットがあります。

ポジショニングパワーにおける「報酬」とは、給料やボーナスといった金銭的なものはもちろん、昇進や昇格、社長賞などの表彰や景品などでメンバーを動機づけることです。

人によっては「ホメる」「認める」も十分な報酬となります。

報酬と強制は、アメとムチによくたとえられ、セットで使われることがしばしばです。

メンバー間の競争を促進するためにもよく使われます。

ポジショニングパワーにおける「正当性」とは、役職や役割という与えられたポジションの正当性のことであり、決められたルールの正当性のことです。

リーダーになると、チーム内のルールや決め事をつくる立場になりますが、自分の都合だけでルールをつくると「なんでこんなルールが必要なの？」という疑問がメンバーから投げかけられ、それに答えられないと「面倒くさいだけじゃないか」という反発を招く結果になります。これはルールの正当性が低いからです。

PART1 リーダーシップを身につける

チーム全体のことを考えて、誰もが動きやすくなるためのルール、つまり正当性の高いルールをつくり、それをメンバーに守ってもらうことが大切になります。

以上が、強制、報酬、正当性によるポジショニングパワーです。どれもリーダーがメンバーに対して影響力を高めるために有効なものですが、トップダウン型であることを忘れずに、使いすぎないように注意してください。

「マインドパワー」はリーダーから染み出てくる力

ポジショニングパワーやフォロワーパワーは、リーダーからメンバーへの力の行使が目に見えてわかりやすいのに対して、マインドパワーは見えづらく、ちょっとわかりにくい力だと言えるでしょう。

マインドパワーにおける「正義感」とは、リーダーの人格であり、リーダーが公平だと

思うこと、正しいと思うことを行動に表すことです。リーダーから染み出てくるような影響力です。

わかりやすい行動としては、ボランティアへの参加や献血、電車で高齢者に席をゆずるといったことです。

ビジネスでも、完全な法律違反、ルール違反とはいえないまでも、道徳的、倫理的にはグレーゾーンに属するような場面に出合うことがあります。そんなときにリーダーの正義感が問われます。

もう1つの「授与（Give）」は、ギブ・アンド・テイクのギブのことですが、重要なのはテイクを一切求めないことです。

つまり、与えるだけで、何の見返りも求めないのです。相手が喜んでくれたら幸せという、マザーテレサやキリストにも通ずる「奉仕の心」のことです。

こうしたマインドパワーは、長い時間をかけてジワジワとリーダーからメンバーへと影響していくものです。速効性はありませんが、長い時間をかけて伝わる分、より深くメン

PART1
リーダーシップを
身につける

バーの心に浸透させることができます。

メンバーの「心の窓」を最初に開けるキッカケになることもあれば、最後の最後に全開にしてくれることもあるのが、このマインドパワーです。

リーダーのマインドパワーが深く浸透しているチームには、目を見ただけでわかり合える強さがあります。

「フォロワーパワー」はサーバント型リーダーシップに直結

フォロワーパワーにおける「正確性」には、「専門性」と「正確な情報」の2つがあります。

専門性とは、その分野の専門的な知識や技術のことで、これらをリーダーがメンバーに伝えることで影響力を発揮できます。

正確な情報というのは、誰かの思惑でゆがめられたり、バイアスがかかったりしていない事実（ファクト）に基づいた情報という意味です。何ら加工されていない生データや現場の声、お客さまの声そのものなどです。

インターネット上にはさまざまな情報がありますが、すべてが正確な情報とは限りません。なかには本当に調査されたのかが疑わしいようなデータ、恣意的にある部分だけがピックアップされた情報などもあります。恣意的にある情報が隠されたデータ、恣意的にある部分だけがピックアップされた情報などもあります。

リーダーがメンバーに伝える情報の正確性が低いと、メンバーの信頼度が下がりますから、リーダーが情報を扱う際には、正確性を厳重にチェックすることが大事になります。

フォロワーパワーにおける「一貫性」とは、一貫した論理や価値観のことです。かんたんに言うと「ぶれない」ということです。

相手や場所によって意見がコロコロ変わるリーダーに「ついていきたい」と思うメンバーは残念ながらいないでしょう。

たとえば、挨拶が大事だと指導しているにもかかわらず、自分はあまり積極的に挨拶をしないリーダーというのをよく見かけます。これも言っていることと、やっていることが違うという点で一貫性に欠けている一例です。

リーダーの一貫した態度や発言はチームに安定感を与えます。ぜひ、ぶれない発言、ぶれない態度を継続してください。

PART1 リーダーシップを身につける

フォロワーパワーの「許容」とは、包容力のことです。たとえ失敗したとしても許してくれる、受け入れてくれると思えるからこそ新たな挑戦もできるのです。失敗が許されないなら、だれも新たな挑戦などしなくなるでしょう。

リーダーの一貫性はチームに安定感を生み出します。そして、安心感があるから新たな挑戦が生まれるのです。

もちろん許される失敗と許されない失敗というのがあるとは思いますが、どこまで許すことができるか、その許容の範囲が広ければ広いほど、思い切った挑戦が生まれることも心の片隅に忘れずに留めておいてください。

フォロワーパワーの「開放性」とは、オープンマインドで接する楽しさや明るさのことです。陰湿ないじめとは反対の明るい開放的なコミュニケーションです。

リーダーであっても自分の性格はなかなか変えられないと思いますが、先に述べたように無意識の「体の動き」「頭の中」「独り言」を意識的にポジティブなものに変えれば、メンバーに与える印象が大きく変わります。

リーダーの開放性が高いチームは、例外なく明るいチームになります。 ときには意見がぶつかることもありますが、それがあとを引くことがありません。活発な議論ができること自体、開放的な証拠ですし、議論のあともメンバーがあっけらかんとしています。女子サッカー日本代表「なでしこ」の選手たちが、ワールドカップの優勝がかかった緊張感あふれるPK戦で円陣を組んだとき、みんなが笑顔だったことを覚えている人も多いかもしれません。強いチームには、リーダーにもメンバーにも開放性があるのです。

以上、正確性、一貫性、許容、開放性というフォロワーパワーの源泉について見てきました。こうしたフォロワーパワーを多く使うことがサーバント型リーダーシップを発揮することになります。

次ページは、フォロワーパワーの4つの源泉について、5段階で自己評価するためのチェックシートです。

現在の自分の得手と不得手を把握することで、まずどこを強化すべきなのか、ぜひ自分で考える際の参考にしてください。

PART1
リーダーシップを
身につける

フォローワーパワーの4つの源泉チェックシート

現在の状況はいかがですか?
最も近いと思う番号に○をしてください。　　　　　　　(1がBad、5がGood)

1) 正確性
専門的、正確な知識、データをもっているか?
根拠のある実績に基づく言動をしているか?
資格、実績を積み重ねる努力をしているか?

Bad 1　②　3　4　5 Good

資料に記したデータが違うとメンバーに指摘されることがある

2) 一貫性
常に一貫性のある言動をしているか?
1つの目標にフォーカス(集中)しているか?
やると決めたことは、やり遂げるという
心構えはできているか?

Bad 1　②　3　4　5 Good

指示内容を
翌日に変えることがある

3) 許容
失敗したチームメンバーを許してあげているか?
For you (あなたのため)という気持ちを
もっているか?
自分のことばかり考えてないか?
自分と意見、価値観の違う人も受け入れているか?

Bad 1　②　3　4　5 Good

短気なので部下がミスするとすぐにイラッとして顔に出してしまう

4) 開放性
魅力的な夢をメンバーに語っているか?
明るく、楽しく、ユーモアをもって行動しているか?
オープンマインドで心を開いて人に接しているか?

Bad 1　②　3　4　5 Good

会議で最初から厳しい話をしてしまうせいかメンバーは黙り込むことが多く、意見があまり出ない

平均点を出してください

Bad 1　②　3　4　5 Good

サーバント型が求められる3つの理由

リーダーは、トップダウン型のリーダーシップとサーバント型のリーダーシップを時と場面によって使い分けるとよいと述べました。たとえば、

新入社員に対してはトップダウン、中堅社員に対してはサーバント。
やる気のない人にはトップダウン、やる気のある人にはサーバント。
緊急事態にはトップダウン、日常業務はサーバント。

このように使い分ける意識をもつと、さまざまなメンバーやビジネスシーンに柔軟に対応できる真のリーダーになれます。

さらに、現在の日本企業では、トップダウン型のリーダーシップよりも、サーバント型のリーダーシップを発揮したほうが、より効果的な場面が多いのではないかと私は考えて

PART1
リーダーシップを
身につける

います。その理由は次の3つです。

◎理由1：ビジネススピードが格段に上がったから

サーバント型リーダーは、メンバーを信頼して、権限を委譲し、メンバー自らが動くことを奨励します。

ひと昔前までは、リーダーの指示に忠実に動くメンバーが重宝されました。「それについては社にもち帰って検討させていただきます」とお客さまに告げて、実際に会社に戻ってから、リーダーの指示を仰いだり、チームで検討してからお客さまに答えても問題はありませんでした。

しかし、今は違います。スピードが求められる場面が増え、もち帰っていたら他社に先を越されてしまうほど競争が激しくなっています。メンバーが自分でその場で判断して行動を開始しなければ間に合わないほどのスピードでビジネスが進んでいるのです。

こうした**スピードに対処するためにも、リーダーはサーバント型リーダーシップを発揮する必要がある**のです。

◎**理由2：知識やスキル、経験があるメンバーが多いから**

チームメンバーや職場を見渡してみてください。おそらく、20代ばかりのチームや職場というのは、現在の日本の会社では珍しいのではないでしょうか？　それだけ知識やスキル、経験があるメンバーが多いということです。

新入社員に対してはトップダウンが有効ですが、中堅社員に対しては自立を促すサーバントのほうが有効です。そのほうがチーム力をより大きく強くできます。

◎**理由3：継続的な変化が求められているから**

ビジネス環境の変化はスピードだけではありません。グローバル化によってビジネスモデルも変化を求められていますし、社員の働き方や意識などにも変化が求められています。大きな変化もあれば、小さな変化もありますが、変化がなくなることはなさそうです。

だとすればトップダウンで変化に対処するチームと、メンバーを信頼して権限を委譲し、メンバー自らが変化に対処するチームのどちらのほうが変化対応力が高いでしょうか？　リーダー自らも変化に対応するとともに、メンバー一人ひとりも答えは明白でしょう。リーダー自らも変化に対応するとともに、メンバー一人ひとりも自らの判断で変化に対応していかなければならないのが今のビジネスなのです。

PART1
リーダーシップを
身につける

「ビジネススピードが格段に上がったから」「知識やスキル、経験があるメンバーが多いから」「継続的な変化が求められているから」という3つの理由を述べましたが、もちろんこれ以外にもさまざまな理由が挙げられることでしょう。

ただハッキリと言えることは、世界的にサーバント型リーダーが求められているということです。

驚くかもしれませんが、サーバント型リーダーの研究は2000年代初頭からアメリカの軍隊ではじまっています。スピードや変化への対応力を上げる必要に迫られた軍隊が、トップダウン型に限界を感じてあみ出したのがサーバント型リーダーシップなのです。アメリカをはじめ、世界のビジネス界がそれに追随しています。

真のリーダーをめざす3年目のリーダーなら、フォロワーパワーを上手に使いこなすサーバント型リーダーシップを意識的に高めていきましょう。

そして、**トップダウン型とうまく使い分けることでより柔軟でしなやかなリーダーを**めざしてください。

03 小森流リーダーシップの磨き方

率先して手をあげる、発言する

リーダーシップの基本である「3つのE」と、新たな潮流であるサーバント型リーダーシップについて述べてきました。

どちらも3年目のリーダーにとって欠かせない知識であり、身につけたい実践法です。

本書のタイトルにある「教科書」としてはこれだけでもいいのですが、やはり私が書く本である以上、私の経験から得たリーダーシップの磨き方をさらに加えることで、少しで

PART1 リーダーシップを身につける

もみなさんを叱咤激励できればと思います。

私はこれまで200回以上、およそ2万人に対してリーダー研修を行ってきましたが、その中で次のような質問を受けたことがあります。

「小森さん、リーダーシップを身につけるために最も大切なことは何ですか?」

なかなか答えるのが難しい質問なのですが、私はこう答えました。

「それは、手をあげることです」

私は決して生まれながらにリーダーの資質をもっているとは思っていませんが、なぜか小さいときから手をあげて質問したり、発言することにまったく抵抗がありませんでした。これを資質というなら、私にもリーダーになる資質が少しばかりあったのかもしれません。実際、自ら率先して手をあげることで、クラス会長にも度々なりましたし、高校の水泳部では副キャプテンも務めました。

いまだに同窓会の幹事を引き受けたり、子どもの保護者会の役員を引き受けたりしています。どちらも、いの一番に手をあげるというよりも、誰も手をあげる人がいないのを確認してから、「ならば」という気持ちで手をあげます。

同窓会の幹事にしても、子どもの保護者会の役員にしても、お金にはなりませんし、時間もそれなりにとられます。それでも手をあげるのは、まだまだリーダー役を担うのが一番だと思っており、そのためには、やっぱりリーダーシップを磨きたいと思っているからです。

いろいろな場面で自ら「手をあげる」ことが、リーダーへの一番の近道ではないかと思っていますが、私のようにリーダー役に手をあげるのに抵抗があるという人は、たとえば、講演を聞きに行ったときに、最後の質問タイムで必ず手をあげて質問するようにしてもいいでしょう。

そのときに、レベルの高い質問をする必要などありません。あなたが質問をすることで、本当に質問したいことがある別の人が、手をあげやすくなればそれでいいのです。

講演会場という場所であなたがリーダーシップを発揮したことで、他のメンバーの手助け（サーバント）ができたとすれば、すばらしいことです。

あまり難しく考えることなく、とにかく**誰も手をあげないときには自分が最初に手をあげること**を自分に課すのは、リーダーシップを磨くうえで非常に重要なことだと思います。

PART1
リーダーシップを
身につける

小さな失敗をいくつも経験する

いろいろな場面で「手をあげる」ことを実践していると、ときには失敗してしまうこともあるかもしれません。

これがまたリーダーになるためには欠かせない経験になります。

私は、リーダーになるためには失敗することが欠かせないと考えています。一度も失敗したことのないリーダーというのは、一見すばらしいリーダーのようにも見えますが、実は、ここ一番で打たれ弱かったりします。

「ガラスのリーダー」と呼ぶと言いすぎかもしれませんが、傷一つない美しさには、一度落としただけで粉々になってしまうかもしれない危うさがあります。

リーダーには、少々落としても、少々傷がついても、「それがどうした!」と言える強さが必要なのではないでしょうか。

そのためには、小さな失敗を重ねておくことです。

手をあげて自分の意見を言おうとしたがまとまらず、途中で司会者に発言をさえぎられてしまったとします。明らかに失敗です。

しかし、「失敗は成功の母」と言うように、次に活かせばいいのです。自分の意見を簡略にまとめる力が弱いということがわかれば、その弱点をどう克服すればいいかを考え、そのための訓練をすれば、そう遠くないうちに「意見を簡略にまとめて発言する」ことができるようになるはずです。

さらに言うと、**「ちょっと無理そう」なくらいのことにも手をあげて自ら失敗しましょう。**

あるイベントで、手をあげてリーダー役を買って出たにもかかわらず、メンバーをうまく動かすことができずに時間オーバーで課題をこなせなかった！ナイスチャレンジです。

勇気を出して行ったそのチャレンジを活かすべく、もっと指示や命令をして時間短縮をはかったほうがよかったのか、逆に指示や命令ばかりでメンバーの反感を買ってしまって失敗したのか、メンバーに対する話し方や伝え方が悪かったのか、いろいろな反省材料を

PART1 リーダーシップを身につける

見つけて、それを1つひとつできるようにしていきましょう。

こうした「挑戦」と「失敗」の経験、その反省と改善を行うことによって、リーダーシップはより磨かれます。

失敗を恐れて手をあげなければ、あなたはいつまでたっても「その他大勢」の一人にすぎません。手をあげれば、成功体験も失敗体験も増えます。そうした実体験こそが、ちょっとやそっとでは折れないリーダーシップの芯になっていくのです。

顔の見える人からの情報が一番重要

手をあげて子どもの保護者会の役員になると、同じように役員を引き受けた人たちと一緒に仕事をすることになります。

自薦、他薦を問わず、こうした会のメンバーになる人にはリーダーが多く含まれています。全員がリーダーを担えると言っても過言ではありません。

こうしたリーダーたちと一緒に仕事をすることもまた、リーダーシップを磨くのに非常に有効です。

社内のプロジェクトやイベントであっても、手をあげて参加すると、今までに話したことのない人たちと知り合いになれます。

直接、仕事の接点がない人は、会社が大きければ大きいほどたくさんいるはずです。そうした人たちと知り合いになる機会を増やすことが、あとから考えるとリーダーにとってかけがえのない人脈になっています。

社内にしても、社外にしても、意外な人から貴重な情報が得られることもあります。インターネットにあるあまたの情報よりも、顔の見える人からの情報のほうが貴重なことは言うまでもないでしょう。**手をあげて、いろいろな集まりに参加することは人脈にもつながりますし、情報網にもなりえます。**

経営の重要なリソースとして、ヒト・モノ・カネ・情報の４つが昔からあげられますが、現代はモノとカネを集めるためにも、ヒトと情報がより重要になっているのではないでしょうか。

PART1
リーダーシップを
身につける

真のリーダーをめざす3年目のリーダーなら、人脈と情報網を広げる努力を惜しんではなりません。

1分でも時間をムダにしない姿勢をメンバーに見せる

リーダーにも、メンバーにも、1日は24時間で平等です。しかし、仕事の量も質もリーダーのほうが多く求められますから、その使い方は工夫に工夫を重ねる必要があります。

P&Gのエグゼクティブたちと仕事をしてわかったのは、時間を1分たりともまったくムダにしないということです。みな貪欲なまでに時間をムダなく使います。

ある会議に出席した帰りの新幹線での出来事です。周りの人たちは「シュポッ」と缶ビールを開けているにもかかわらず、そのエグゼクティブは私を1時間質問攻めにしました。

「なぜ、あのような提案がされたのか？」
「意見を言うのがA部長ばかりだったのはなぜか？」

93

「事前に資料が送られてきていたのに、こちらもデータを用意できたのに、なぜ資料の配布が当日なのか?」

などなど、よくこれだけ疑問に思うことがあるなあというほどです。

しかも、質問攻めが終わったら、今度はノートパソコンを開いて、私から聞いた話も加えて、会議の内容を英語でまとめはじめました。報告書を作成しはじめたのです。

私はビールを飲みたいのをグッとこらえて、会議の資料やメモしたノートを再度読み、明日からやるべきアクションプランを立てていました。

そして、1時間ぐらい経過したとき、エグゼクティブのパソコンが警告音を発しました。バッテリー切れです。

これでようやくビールが飲めるかと思ったら、エグゼクティブはノートパソコンをもって車両後方の洗面台に向かいました。そこにコンセントがあるからです。

エグゼクティブはパソコンの電源ジャックをコンセントに差し込むと、立ったまま、また入力をはじめました。そして、到着駅につく5分前まで席に戻ってきませんでした。

リーダーは人脈や情報網を広げて、そこから情報を得るとともに、新聞・雑誌・本・イ

PART1 リーダーシップを身につける

ンターネットなどからも最新情報を得る必要があります。そのためにも時間が必要です。

そして、リーダー自らの時間の使い方をメンバーに見せることもまた重要になります。P&Gのエグゼクティブが私に接しているときに見せた時間の使い方もまた、リーダーシップの一環であり、私はそれらを見て自分の時間の使い方を学んでいたのです。

ですから、**リーダーであるみなさんがどんな時間の使い方をするかで、メンバーの時間の使い方が決まります。**

リーダーなら、1分、1秒であってもムダにしないことを今から心がけてください。

リーダーの仕事は決めること

リーダーとメンバーの役割の大きな違いの1つは、決断をするかしないかです。メンバーであれば、決断をリーダーに任せることができますが、リーダーは自分の上司に決断を任せることはできません。

決断するというのは、小森流リーダーシップの磨き方で最初に述べた「手をあげる」に

も通じるのですが、自分で決めて、自分から動きはじめる意志があることです。同時に、「コミットメントレベル5」の「どんなことがあってもやり遂げる意志がある」必要もあります。

P&Gで和歌山県を担当していたときのことです。ある商品を5000ケース販売する目標を与えられたことがありました。

しかし、私は「あそこで500、あそこでも500、Aチェーンで1500……」と、ざっと計算して「8000ケース売ります」と宣言しました。

私自身、8000ケース売る自信があったかというと、絶対的な自信はありませんでしたが、できるかもしれない最大値が8000ケースだと自分で思えたので、そう宣言したのです。あったのは「根拠のない自信」です。

このとき実際に売れたのは7500ケースでした。8000ケースは売れなかったものの、元の目標値である5000ケースに対しては1.5倍、達成率150％というすばらしい結果になりました。

5000ケースという目標のままだったら、売れてもせいぜい6000ケースだったでしょう。8000ケースをめざしたからこそ、7500ケース売ることができたのです。

PART1
リーダーシップを
身につける

 私はこうした「えいやぁ!」と自分で決めて、その決めたことに向かって突き進むことが、ひいてはリーダーシップにつながるのではないかと思っています。

 リーダーには、度々、決断を迫る場面がやってきます。

「新商品を投入すべきか、まだ待つべきか」

「人を増やして攻勢に出るか、逆に減らして守りを固めるか」

 こうした伸びるか反るかの場面で決断することが、リーダーの大きな役割である以上、常日頃から判断を先延ばしにすることなく、決断する習慣を身につけなければなりません。

 P&Gのエグゼクティブは例外なく昼食のメニューを決めるのが早かったことが思い出されます。最初に目に入ったものにすると決めている人もいれば、あらかじめ「今日はパスタ」と決めている人もいました。

 仕事ができない人ほど、昼食のメニューを決めるのも遅かったように感じたのは、気のせいではないと思います。

> まずは「恥ずかしい…」という気持ちを捨てよう

以上を「小森流リーダーシップを磨くための5か条」にすると、次のようになります。

1つ　まず手をあげる
2つ　自ら失敗する
3つ　人脈と情報網を広げる
4つ　時間は1分でもムダにしない
5つ　決断する

この5か条は、私がこれまでリーダーとして心がけてきたことでもありますが、P&Gをはじめ数社の外資系企業で見てきたスーパーリーダーに共通した特徴でもあります。

日本人は、「人脈と情報網を広げる」ことと、「時間をムダにしない」ことでは世界標準

PART1 リーダーシップを身につける

レベルに達している人もいるかもしれませんが、ほかの3つは明らかに世界標準より劣っています。

日本人はリーダーシップを発揮するのが苦手だと言われますが、それは、最初の「手をあげる」ことに躊躇する人が多いからではないでしょうか。

この**「手をあげる」ことが苦手なために、「失敗を体験する」機会が減り、ひいては「決断する」こともできない**のです。

海外の人たちは、チームで役割分担を決めるときにも、自ら手をあげて「私は○○を担当します」「なら、私は△△をやるわ」「じゃあ、□□は私に任せて」というふうにどんどん決まっていきます。

そんなときにも下を向いているのが日本人です。そうした日本人が、それぞれの役割を担えないのかというと、そんなことはまったくありません。能力的には、どの役割でもこなすだけの力はたいていもっています。それなのに手をあげることはしないのです。

これは同じ日本人として、本当にもったいないことだと感じています。

「せっかく役割を担えるだけの力量があるのに、なぜ手をあげないの?」

それに対する答えは、「恥ずかしい」とか、「なんとなく気後れしちゃって」といったものが多く、なかには「いや、なんでもできるから最後にあまったのでいいんだ」と強がる人もいました。

しかし、海外のさまざまな人種や文化、宗教の人たちとコミュニケーションをとるときには、この受け身の態度は決してプラスに働かないというのが私の実感です。

そして、日本人同士であっても、これからは積極的に手をあげる人たちがコミュニケーションをとっていかないと、何も決まらない、いや何も決められない集団になってしまうのではないかと危惧しています。

手をあげることは、トップダウン型だけでなくサーバント型のリーダーシップを発揮する際にも不可欠なものです。

リーダーシップに自信がないという人ほど、率先して手をあげることを実践してください。そして、失敗してください。それが必ずやリーダーにとって大事な決断する力につながると信じて！

PART1
リーダーシップを
身につける

小森流リーダーシップを磨くための5か条チェックシート

あなたの現在の状況はいかがですか?
最も近いと思う番号に○をしてください。　　　　　　（1がBad、5がGood）

1）まず手をあげる
立候補する機会があれば手をあげる
質問は積極的にする
人のいやがる仕事は自分がやる

Bad　　　　　　　　　Good
1　②　3　4　5
率先して手をあげるのは苦手

2）自ら失敗する
何事も果敢にチャレンジ
失敗を恐れない、成功は確率である

Bad　　　　　　　　　Good
1　②　3　4　5
どうしても評価が気になって
失敗するかもしれないことには
チャレンジしたくない

3）人脈と情報網を広げる
社内、得意先に友人をつくる
情報をタイムリーに入手できる

Bad　　　　　　　　　Good
1　2　③　4　5
同期とは定期的に飲み会をして
情報交換しているが社外の情報
網はほとんどない

4）時間は1分でもムダにしない
常に勉強、目的思考をもって
アイデアを考える
タイムマネジメントは重要

Bad　　　　　　　　　Good
1　②　3　4　5
電車の中ではボーっとしていたい
英語学習も細切れ時間を
使えば続くとは思うのだが…

5）決断する
決めたことはやる
小さな決断力を磨く

Bad　　　　　　　　　Good
1　②　3　4　5
部下の意見を聞きすぎて
迷ってしまって決断が遅い
ように思う

平均点を出してください

Bad　　　　　　　　　Good
1　②　3　4　5

リーダーシップの重要ポイント一覧

「3つのE」

Envision　ビジョンを描く
Energize　火をつける
Enable　決意させて結果を出す

3つのパワーと9つの源泉

ポジショニングパワー(権力)←トップダウン型
「強制」「報酬」「正当性」

マインドパワー(人道的な力)
「正義感」「授与(Give)」

フォロワーパワー(行動力)←サーバント型
「正確性」「一貫性」「許容」「開放性」

小森流リーダーシップを磨くための5か条

1つ　まず手をあげる
2つ　自ら失敗する
3つ　人脈と情報網を広げる
4つ　時間は1分でもムダにしない
5つ　決断する

PART 2

チームメンバーを育てる

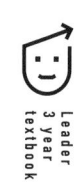

01 育成するための2つの仕事

> 現場に放り込んだだけで成長できる人はほんの少数

PART2では、3つあるリーダーの役割の2番目、「メンバー育成」について考えていきましょう。

さて早速ですが、そもそも、なぜメンバーを育成する必要があるのでしょうか？

私のリーダー研修を受講された2万人の中にも、次のような人たちがいました。

PART2
チームメンバーを育てる

「忙しいなか手間ひまかけてメンバーを育てる必要が本当にあるのか？」
「リーダーは自分の背中を見せるだけでいいんじゃないか。それを見て、育つヤツは育つでしょう。」
「私自身教えてもらったことなんてほとんどない」
「人を育てるなんておこがましいし、人を育てることなんてできないと思う」
「研修を受けさせたり、OJTを行うよりも現場に放り込んだほうが育つ」

いかがでしょうか？　同じような意見の人もいるかもしれませんので、少し考えてみましょう。

そもそもリーダーに課されている一番の仕事、最優先の仕事は何でしょうか？　それは、**「チームとして成果を出すこと」「チームに課されている目標を達成すること」**です。しかも、単年ではなく何年も連続して。

もし数年連続でチームが目標を達成できなかったら、リーダーは交代させられます。野球でもサッカーでもそうですが、チームの成績が何年も悪ければ監督は辞めさせられ、別の監督に交代します。ビジネス界も同じです。

ある年、目標を下回って達成できなかったとしたら、なぜ達成できなかったのか、原因

を分析する必要があります。原因を見つけて、そこを改善しなければ、翌年も目標を達成できないからです。

原因が1つなら、それを改善すればいいだけですからかんたんです。しかし原因はいくつもある場合が多く、その中には必ず「人」の能力に関する原因があります。つまり、メンバーの能力不足で目標を達成できなかった可能性がある場合が多いということです。

メンバー育成に後ろ向きの人たちは、それでも何もしないのでしょうか？
高度経済成長の時代やバブルの時代なら、わざわざ育成しなくても新入社員や若手が自然と成長するのを待っている余裕があったかもしれませんが、現在、そのような余裕のある企業がどれだけあるでしょう。

若手の意識の変化もあります。「仕事のやり方は先輩から盗んで覚えろ」と言っても、できる人などほとんどいません。「ちゃんと教えてください」という人がほとんどです。良い悪いは別にして、**自分から学びとるという意識がある若手は少数で、多くの人は教えてもらうのが当たり前だと思っています。**

PART2 チームメンバーを育てる

チームとして継続的に成果を出すためには、忙しいなかでも、手間ひまかけてメンバーを育てなくてはならないのです。

リーダーが自分の背中を見せるだけではメンバーは育ちません。

リーダー自身は教えてもらったことがなかったとしても、メンバーには教えなくてはならないのです。

人を育てるというのは私もおこがましいと思いますが、人を育てることができないとは思いません。少なくともメンバーが育つためのお手伝いは間違いなくできます。

現場に放り込んだだけで成長できる人は少数です。研修やOJTをうまく組み合わせたほうが多くの人が効率的に成長できるのは明らかです。

メンバーを育てるのは、そのメンバー自身のためだけではなく、チームのためであり、会社のためです。メンバーを育てることはチームや会社の業績に直結しているということを3年目のリーダーならしっかりと理解しておく必要があるでしょう。

ちなみにOJT(オン・ザ・ジョブ・トレーニング)とは、職場でリーダーや先輩からメンバーや後輩に直接行われるトレーニングのことです。

これに対して、Off-JT（オフ・ザ・ジョブ・トレーニング）は、職場外で行われる研修やセミナー、通信教育やオンライン教育などのことで、スクール型や自己学習型のトレーニングのことです。

「スキル」と「やる気」には相関関係がある

さて、それではどうすればメンバーを育てることができるのでしょうか？
実はリーダーにできることは2つしかありません。

① メンバーの「スキル」を上げる
② メンバーの「やる気」を上げる

次ページの図を見てください。この図は、横軸が「スキル」の高低を表し、縦軸が「やる気」の高低を表しています。

108

PART2
チームメンバーを育てる

スキルとやる気の関係

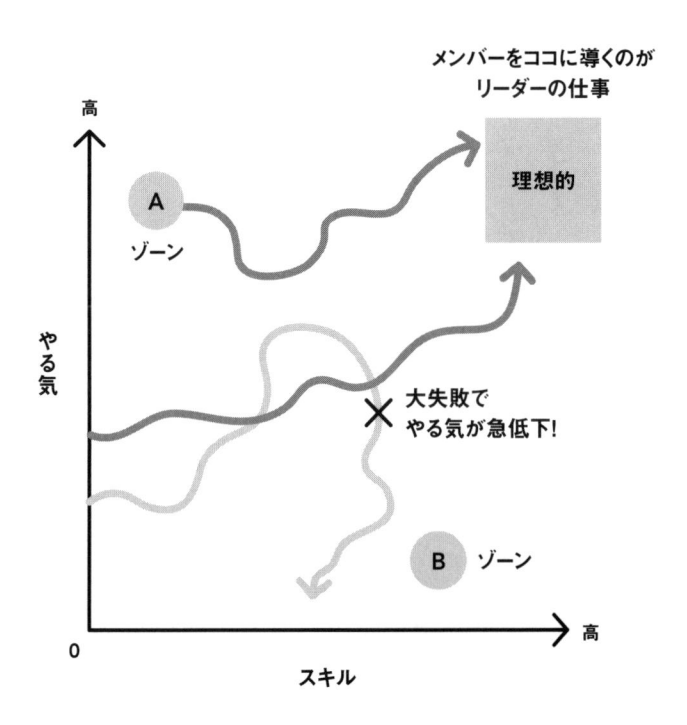

メンバーをココに導くのが
リーダーの仕事

理想的

Aゾーン

やる気

× 大失敗で
やる気が急低下!

Bゾーン

0 → 高

スキル

新入社員は、やる気は高いですがスキルは低いのでAゾーンの位置になります。定年間近のベテラン社員は、逆にスキルはある程度高いのですがやる気が下がっていることが多くあります。図ではBゾーンに位置します。

リーダーが行うメンバー育成は、このスキルとやる気を上げて図の右上にもっていくことです。もちろん、右肩上がりにスムーズに上がっていく人もいれば、ある失敗でやる気が下がり、それによってスキルまで下がってしまって左下に落ちてしまう人もいます。

まずリーダーが押さえておくべきポイントは、この「スキルとやる気には、相関関係がある」ということです。

やる気があるとスキルの上達も早くなります。スキルが上達すると成果も出やすくなりますから、ますますやる気が上がります。 理想的な好循環です。

他方、何かの理由でやる気が下がると、なかなかスキルアップできません。がんばっていても成果が出ないと、やがてやる気が下がりはじめます。そして、いい加減な仕事をするようになってスキルが下がり……と悪循環にハマってしまうのです。

PART2 チームメンバーを育てる

好循環メンバーは、その好調な波に乗っていますから、リーダーはそれを見守っていればいいでしょう。問題は、悪循環にハマってしまったメンバーや悪循環に陥りそうなメンバーにどう対処するかです。

悪循環にハマったメンバーの引き上げ方

スキルとやる気がともに影響し合いながら下がってしまう悪循環にハマったメンバーに対して、先にスキルを上げるアドバイスをするべきか、やる気を上げるアドバイスをするべきかは難しい選択で、ケースバイケースだと言うしかありません。スキルとやる気のどちらかを先に好転させる必要があるのですが、どちらがキッカケとして最適かは、そのメンバーの性格や職種にもよるからです。

私の経験から言えることは、**まだスキルが低いメンバーに対しては、今以上にていねいに細かくスキルレベルを見てあげて、弱いスキルや苦手なスキルに関するアドバイスを繰**

り返すことが有効です。スキルアップを少しずつでもはかることができれば、それがいつかは必ず成果につながります。

「スキルを何とか上げよう」とするリーダーの姿勢が本人に伝われば、「リーダーに期待されているのだから、がんばらないと」という前向きな意識を生むことにもなります。

また、リーダーがメンバーのスキルアップに熱心な姿勢を見せることは、他のメンバーに「自分の調子が悪くなってもリーダーから良いアドバイスがもらえそう」という安心感を与えるという別の効果もあります。

スキルレベルがある程度高いメンバーが悪循環にハマっている場合には、さらにスキルアップをはかることは難しいですから、何らかの方法でやる気に火をつけることが有効になります。

リーダーがおかしがちな過ち

PART2 チームメンバーを育てる

やる気を引き上げる方法については、のちほど詳しく述べますので、ここではリーダーがおかしがちな過ちについて1つだけ触れておきます。

子どものときに、「勉強しなさい」と言われれば言われるほど、勉強する気がなくなったという経験はありませんか？ 私はまさにそうで、何も言われないほうが勉強する子どもでした。

親は子どものために良かれと思って「勉強しなさい」と言っているのですが、これが逆効果になることも多いのです。

同様に仕事でも、良かれと思ってリーダーが行う細かな指示やアドバイスが、逆にメンバーのやる気をそいでしまうことがあります。

とくにスキルレベルが高く、経験もあるメンバーは「そんなことは言われなくてもわかっている」と思いがちです。

リーダーが良かれと思ってやっていることが、実はメンバーのやる気を下げているということは意外に多くあります。

リーダーは、声がけやアドバイスをする際には、相手の顔色や態度、話し方などをよく

見て、逆効果になっていないかに注意を払うようにしてください。

メンバーが、スキルもやる気も下がる悪循環に完全にハマってしまうと、3年目のリーダーといえども、なかなか抜け出させることはできないものです。

ですから、そうなる前に、悪循環に入りそうな入口の時点でメンバーの不調に気づけるかどうかが重要になります。

そのためにも、**メンバー一人ひとりのスキルとやる気を定点観測しておきましょう。**

月に一度、10日とか、給料日などと日にちを決めて、メンバー全員のスキルとやる気を5段階評価します。

そして、前月と比べて、やる気が下がっているメンバーがいないかをチェックします。

メンバーが3人くらいなら、わざわざこうしたチェックをするまでもなくスキルとやる気の高低変化がわかると思いますが、メンバーの人数が増えてくるとおろそかになりがちです。ぜひ、毎月チェックする習慣を身につけてください。

PART2
チームメンバーを育てる

メンバーのスキルとやる気チェックシート

チーム名（イニシャル可）

最も近いと思う番号に○をしてください。　　　　　　　　（1がBad、5がGood）

1 A君（新入社員）
やる気はある
スキルのトレーニングをしていく

	Bad				Good
スキル	1	②	3	4	5
やる気	1	2	3	④	5

2 3年目のBさん
まさに伸び盛り、さらにほめて
上級スキルをトレーニング

	Bad				Good
スキル	1	2	3	④	5
やる気	1	2	3	4	⑤

3 2年後に定年予定のCさん
やる気を引き上げるアドバイスが必要

	Bad				Good
スキル	1	2	3	④	5
やる気	1	②	3	4	5

4 20年目のD君
家庭のトラブルで悩んでいるようなので今週、話を聞く

	Bad				Good
スキル	1	2	③	4	5
やる気	①	2	3	4	5

5

	Bad				Good
スキル	1	2	3	4	5
やる気	1	2	3	4	5

6

	Bad				Good
スキル	1	2	3	4	5
やる気	1	2	3	4	5

02 人は3ステップで上達する

スキルを上げる3つのステップ

前項でお話ししたように、メンバーを育成するにあたってリーダーにできることは2つ、「スキルを上げる」ことと「やる気を上げる」ことです。

まずは、どうすればメンバーのスキルを上げられるかについて考えてみましょう。

スキルを上げるためのトレーニングには、次の3つのステップがあります。

PART2 チームメンバーを育てる

ステップ1‥知識化
ステップ2‥スキル化
ステップ3‥習慣化

ステップ1の「知識化」は、リーダーが知識を教え、メンバーはそれをメモし、理解する段階です。学校教育の多くはこの知識化で、先生が生徒に知識を教えることにとどまっています。

しかし、ビジネスにおいては、知識を理解しているだけでは、実践できません。マーケティングの知識を理解していても、マーケティングができるわけではないのです。

そこで、ステップ2の「スキル化」が必要になります。

リーダーや先輩がやるのを見てマネすることからはじめ、同じように一人でもできるようになる段階です。同じことを10回やれば6回は実行できますが、4回は失敗してしまう段階です。

10回やれば10回すべてで実行できるために大切なのが、ステップ3の「習慣化」です。スキル化してから習慣化するまでには時間が必要です。根気よく継続して実践を繰り返

すことが求められます。

ステップ1の知識化は、多くの企業で行われています。マニュアルや手順書などを作成し、それを読ませて理解させたり、研修やOJTを通じてもリーダーや先輩から知識の伝達が行われていることでしょう。

しかし、ステップ2のスキル化になると実践している企業は格段に減ります。ステップ3の習慣化を個人任せにせず、会社として、チームとして仕組み化しているのはほんのひと握りなのではないでしょうか。

無意識にできるようになって一人前

次ページの表は、スキル上達の3ステップの「心の状態」と「仕事の結果」を表したものです。わかりやすく説明するために、車の運転にたとえてみます。

ステップ1の知識化のときは、まだ、車の運転に関する知識がまったくありませんから何も意識することができず、運転することもできません。

PART2
チームメンバーを育てる

スキル上達の3ステップ「心の状態」と「仕事の結果」

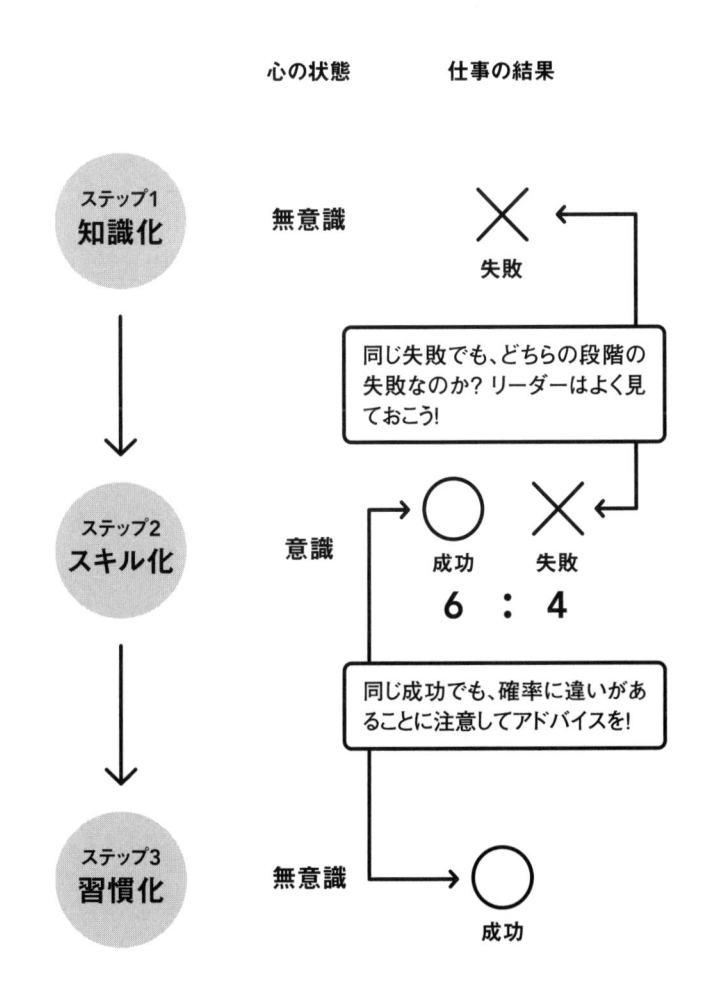

	心の状態	仕事の結果
ステップ1 知識化	無意識	✗ 失敗

同じ失敗でも、どちらの段階の失敗なのか? リーダーはよく見ておこう!

ステップ2 スキル化	意識	○ 成功　✗ 失敗　6 : 4

同じ成功でも、確率に違いがあることに注意してアドバイスを!

ステップ3 習慣化	無意識	○ 成功

「カネダさん、車を運転してみて」と言っても、カネダさんは何をどうすればいいのかがわからないので、ハンドルやギアなどを動かしてみますが車は動きません。

そこで、車を運転するための知識を教えます。

「まずキーを回してエンジンをかけるんだよ。次にブレーキペダルを踏んで、ギアをドライブに入れる。サイドブレーキを下ろしてから、足をブレーキペダルからアクセルペダルに移して、ゆっくりと踏み込むと車が動き出すんだ」

この説明をカネダさんがメモして理解したことになります。

しかし、「じゃあ、やってみて」と言っても、カネダさんはすぐにはできません。教えてもらったことを意識して実行しようとしますが、ブレーキペダルを踏まずにギアを動かそうとしたり（ブレーキペダルを踏んでいないとギアは動かない）、サイドブレーキを下ろすのを忘れたり、と何かと失敗するのが普通です。

失敗を繰り返しながらも知識を呼び戻して確認し、何度か挑戦してやっと車を動かせるようになります。10回中6回動かせるようになればスキル化したことになります。いちいち「まずキーを回し

さらに何十回、何百回と運転を繰り返すと習慣化されます。

PART2 チームメンバーを育てる

てエンジンをかけ……」などと考えなくても、無意識に体が勝手に動いて車を運転することができるようになるのです。

これでようやく「一人前に車が運転できる」ようになったと言えるでしょう。

「知識がない」からか 「実践が足りない」からかを見極める

仕事のトレーニングもこれと同様なのですが、多くの企業、多くのリーダーはステップ1の知識化を行ったあとは、ほったらかし。学校と一緒で「教えておしまい」なのです。メンバーが本当に実行できるようになったかどうかを確認しませんし、できるようになるまで教えていません。スキル化が行われていないのです。

にもかかわらず、「教えただろう！　何でできないんだ！」と叱ったり怒ったりします。

人間は、「頭ではわかっていてもできない」という段階が必ずあります。さらに、「多少できるようになっても、毎回できるとは限らない」というステップ2のスキル化の段階が誰にでもあります。

このときに、**実行力を上げるためのアドバイスができるリーダーや、失敗する原因を一緒に考えてくれるリーダーがいれば、メンバーの上達が早くなる**のです。

3年目のリーダーなら、同じできないメンバーに対しても、「知識がない」からできないのか、「実践が足りない」からできないのかをきっちりと見分けて、**知識がないメンバーには知識を与え、実践が足りないメンバーには実践の機会を与えます**。

よく見かけるのは、この2つがごっちゃになっているリーダーです。知識がないメンバーに何度も繰り返し練習させたり、実践が足りないメンバーに細かい知識を教えたりと、実はピント外れのトレーニングを課しているケースが多々あるのです。3年目のリーダーは、ぜひこの点に注意してみてください。

また、できるメンバーに対しても、10回中6回のスキル化レベルなのか、カンペキにこなせる習慣化レベルなのかを見極めて、**スキル化レベルのメンバーには、完全に習慣化されるまで注意やアドバイスを繰り返すようにします**。

多くの企業では知識化までしか行われていないと述べましたが、裏を返せば、これはチャ

PART2
チームメンバーを
育てる

ンスです。なぜなら、リーダーが責任をもってメンバーのスキル化を行えば、それだけでも他よりも強いチームになるからです。

メンバー全員をスキル化レベルにすることは、リーダー一人でもできることです。3年目のリーダーには、ぜひチャレンジすることをおすすめします。

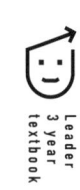

03 教えるときに効果的な6つのコツ

「いつ、何を、何のために」をハッキリと事前告知する

リーダーがメンバーに知識やスキルを教える際にもコツがあります。伝えたいことが明確でも、伝え方が悪いと相手になかなか伝わらないものです。

メンバーの知識化、スキル化の際には、リーダーは次の6つのコツをぜひ使って教えてみてください。

PART2
チームメンバーを育てる

① **事前告知する**
② **細分化する**
③ **たとえ話を使う**
④ **印象づける**
⑤ **ホメる**
⑥ **フォローアップする**

それでは1つずつ説明しましょう。

トレーニングを行う際には、必ず前もってトレーニング内容を知らせるようにします。

「タナカさん、この間、クロージングの自信がないと言っていたね。来週の水曜日の会議のあとに1時間ほど時間ができたからクロージングのおさらいをしよう」

この事前告知によって、タナカさんにはどのような変化があるでしょうか？

「クロージングについてリーダーに聞きたいことを、あらかじめまとめておこう」

「少し復習しておいたほうがいいかな。営業マニュアルを読んで練習しとくか」

こうした意識が芽生えることで、タナカさんのトレーニングを受ける準備が整います。

「時間が空いたから今からクロージングのおさらいをしよう」と突然言われて行われるトレーニングよりも、効果が高いことは明らかでしょう。

ただ、**中途半端な事前告知は逆効果になることも知っておいてください**。

たとえば、「来週の水曜日の会議のあと、1時間くらい空けておいて」とリーダーがタナカさんに言った場合、タナカさんはいろいろなことを考えてしまいます。

「1時間も何の話かな？　ひょっとして異動かな？　それとも、この前の目標が達成できなかったことかな？　それとも……」

リーダーは最初からクロージングについておさらいするつもりでも、それを伝えなかったばかりに、タナカさんはその準備ができないばかりか、いろいろなことを考えて不安になってしまいます。

「何だクロージングを教えてくれるのか。それならそうと言ってくれたらいいのに！」

同じような思いをしたことが誰しもあるのではないでしょうか。ちょっとした心づかいですが、リーダーとメンバーにとって欠かせない心づかいです。

リーダーとメンバーの信頼関係なくしてチームは強くなりません。**メンバーの「心の窓」**

PART2 チームメンバーを育てる

を開くためにも、トレーニングに限らず「いつ、何を、何のために」をハッキリと事前告知するように心がけてください。

細かく分けて目的を意識させる

教えるときの2つ目のコツは「細分化する」です。

先ほどのタナカさんの例で、「営業スキルについておさらいしよう」と事前に言われたとしたらどうでしょう？ 変な不安は抱かないですみますが、「営業スキル」では幅が広すぎて何について準備すればいいのか判断できません。

知識化においても、スキル化においても、できるだけ細かく分けて、目的を意識してトレーニングしたほうが効果は高まります。

とくに**苦手を克服するようなトレーニングのときには、できるだけ具体的に設定します。**

たとえば、「Zチェーン店の店長と商談を行う際のクロージング手法についておさらいしよう」と言えば、単に「クロージングについておさらいしよう」と言ったときよりもさ

らに具体的にイメージできますから、それに応じた具体的な準備をすることができます。トレーニング後の実践場面も想定できますから、「こういう場合はどうすればいいですか?」といった質問もより具体的になり、当然、それに対するアドバイスや注意点も具体的になりますから、より実践的なトレーニングになります。

時間軸で分けたり、エリアで分けることも可能ですし、プロセスや目的で分けることもできます。細かく分ける方法はいろいろありますので、その仕事、そのスキルに合った分け方を工夫してください。

たとえ話を使う

先ほど、知識化、スキル化、習慣化の3ステップを説明する際に、車の運転のたとえ話をしました。3つ目のコツは、こうした「たとえ話を使う」です。

たとえ話を入れることで、相手はイメージしやすくなり、納得感が高まります。野球が

PART2
チームメンバーを
育てる

印象づける

好きな人には「野球にたとえると……」、サッカーが好きな人には「サッカーなら……」など、**話す相手の好みや特徴に合ったたとえ話ができると、さらに相手の理解が進みます**。

リーダーもメンバーもよく知る社内の人やお客さま、協力会社の人など、共通の知人や身近な人を例に説明するのも良い方法ですし、よく行くお店や話題のスポットなどをたとえ話に使うと身近に感じて理解しやすくなります。

教えるときの4つ目のコツは「印象づける」です。印象づける方法には、大きく次の4つがあります。

1つ目が「**最初に印象づける**」。

会って最初の第一印象がずっと残るというのは有名な話です。第一印象が良ければ、その後の会話もトントン拍子に進みますが、悪いと、なかなか会話が弾まないものです。

新しいことを教える際にも、最初に「難しい」と感じるか、「楽しそう」と感じるかで、

その後の習得度合いが違ってきます。最初に成功体験をさせて、自信をもたせるような教え方を工夫してみてください。

2つ目が「**強烈に印象づける**」です。

力強くドラマチックな話し方や動作を取り入れることで、強烈な印象を相手に与えます。

昨日教えたことを今日覚えていないメンバーもいますが、それはメンバーだけが悪いのではなく、忘れたくても忘れられないような強烈な印象を与えられなかったリーダーの教え方も悪いのです。

ちょっと脅かすような話、思わず笑ってしまうような話で印象づけることも可能ですし、図を見せながら説明することでその図を印象に残す方法もあります。

3つ目が「**繰り返し印象づける**」。

メンバーの育成において、繰り返しは絶対に不可欠な要素です。

「何度言ったらわかるんだ！」「同じことを何回も言わせないでよ！」、そう言って叱るリーダーがいますが、私に言わせればナンセンスです。**同じことを何度も何度も、手を替え品を替えて教えるのがリーダーの役目です**。1回、2回言っただけでメンバー全員ができるようになるなどということはありません。

PART2
チームメンバーを育てる

したがって、「何度言わせたらわかるんだ!」は今後禁句にしてください。

4つ目が**「時間がたたない内に印象づける」**です。会議に5分遅刻して入ってきたら、その場で叱ります。会議が終わってからでは遅すぎます。まして、次の日や3日後では、当人はもう忘れてしまっているかもしれません。

ホメるのも同様です。いい発言をしたら、「今のは新しい視点からのいい意見ですね」などと、すぐにホメるようにしましょう。

ホメる

教えるときのコツの5つ目は、その「ホメる」です。

トレーニングで教えたことを実践しているのを見たら、「早速使っていて、すばらしいね」などとホメます。実践して成果が出たら、またホメます。

実践しているにもかかわらず成果が出ない場合には改善点について話し合い、できるだけ早く成果に結びつくようにします。

そのためにも、**教えたことをメンバーが実践しようとしているか、それが成果に結びついているかいないか、常によく見ておくことが大切**になります。

フォローアップする

教えるときのコツの6つ目は「フォローアップする」こと。

知識化であれば、きちんと理解されているか、知識のヌケモレはないかなどを日常の会話ややりとりの中で確認します。

スキル化でも、10回中3回できるレベルに到達したばかりなら、6回できるレベルに上げるためのフォローアップが必要ですし、10回中10回できるまでフォローアップは続きます。

つまずくポイントは人それぞれ、上達していくスピードもいろいろです。**あせらずトレーニング後のメンバーをよく見てフォローアップすることで、「教える」が完成します。**

次ページのチェックシートで自分がどれだけ6つのコツを実践できているかチェックしてみてください。

PART2
チームメンバーを育てる

教えるときの6つのコツチェックシート

あなたの現在の状況はいかがですか?
最も近いと思う番号に○をしてください。　　　　(1がBad、5がGood)

1) 事前告知する　　　Bad 1　2　3　4　5 Good
OJTの目的を事前にメンバーに伝えているか?
メンバーに準備する時間を与えているか?

2) 細分化する　　　Bad 1　2　3　4　5 Good
教える内容をいくつかに細分化しているか?
細分化した内容を1つずつ教えているか?

3) たとえ話を使う　　　Bad 1　2　3　4　5 Good
教える内容を相手がイメージしやすい言葉で語っているか?
わかりやすいたとえ話を使えているか?

4) 印象づける　　　Bad 1　2　3　4　5 Good
印象のよいOJTができているか?
第一印象、強烈な印象、繰り返し、タイムリーを意識できているか?

5) ホメる　　　Bad 1　2　3　4　5 Good
効果的にメンバーの長所をホメているか?
メンバーの良い行動をしっかりと見ているか?

6) フォローアップする　　　Bad 1　2　3　4　5 Good
メンバーの仕事がスムーズにいくようサポートしているか?
メンバーの能力的に大きすぎる仕事を与えていないか?

平均点を出してください　　　Bad 1　2　3　4　5 Good

04

「トレーニングサイクル」を回すとうまくいく

> 短期の手間が長期の時間短縮を可能にする

前項ではメンバーのスキルを上げるためには、「知識化→スキル化→習慣化」の3ステップがあること、そして、教えるときの6つのコツについて述べました。

これらの知識を実践的に使って最も効率的にトレーニングを行うための方法が、これから紹介する「トレーニングサイクル」です。このPART2のキモとなります。

次ページがトレーニングサイクルを表した図ですが、4つのことを順番に連続して行う

PART2
チームメンバーを育てる

トレーニングサイクル

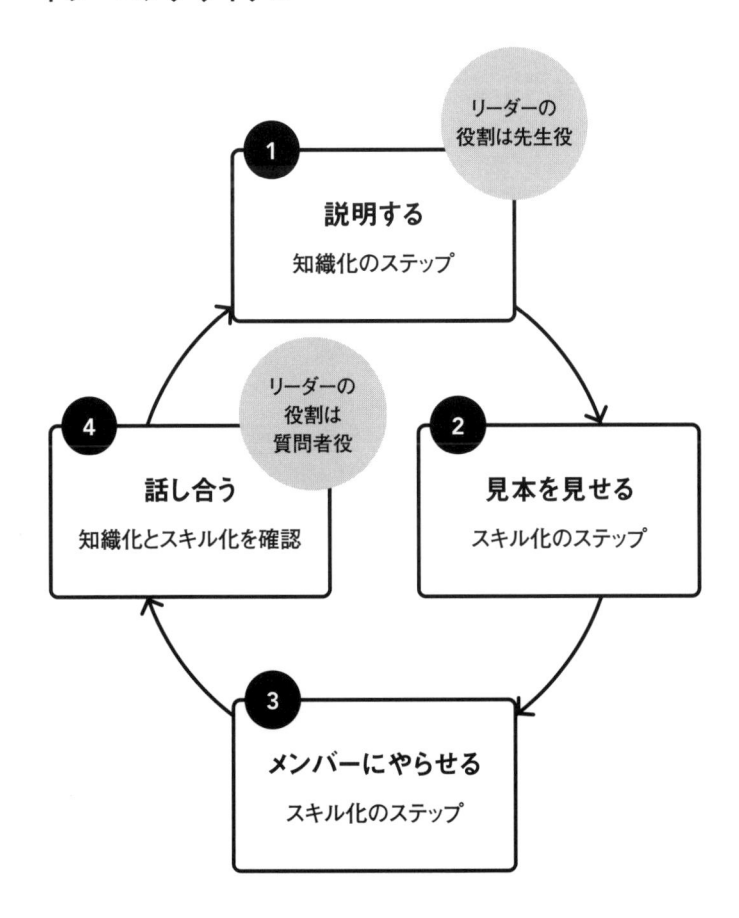

1. **説明する** 知織化のステップ — リーダーの役割は先生役
2. **見本を見せる** スキル化のステップ
3. **メンバーにやらせる** スキル化のステップ
4. **話し合う** 知織化とスキル化を確認 — リーダーの役割は質問者役

サイクルを回すことで習慣化できる！

ことでトレーニングサイクルとして回していきます。

116ページで述べた「スキル上達の3ステップ」でも、ステップ1が知識化であったように、トレーニングサイクルの最初にやることも「説明する」です。

そして、**4番目の「話し合う」ことこそが、トレーニングサイクルの最重要ポイント**です。トレーニングサイクル自体が、メンバー育成のキモだと述べましたが、そのなかのキモが「話し合う」です。つまり、キモ中のキモということになります。

人が学ぶ方法には、「聞く、読む」「見る」「やってみる」の3つがあると言われますが、トレーニングサイクルはそれにも合致した方法であることがわかります。「見本を見せる」と「メンバーにやらせる」がステップ2のスキル化の具体的なやり方になります。

「サイクル」ですから、4番目の「話し合う」が終わったら、1番目の「説明する」に戻り、再び2番目、3番目へと進みます。このトレーニングサイクルを回し続けることで**スキルレベルが徐々に上がり、最終的に習慣化につながる仕組み**になっています。

PART2 チームメンバーを育てる

「えっ、こんなに手間をかけられませんよ。メンバーも多いし、時間もありません」

リーダー研修でトレーニングサイクルについて説明すると、そう言う人がいます。

最初はリーダーとメンバーが一緒にトレーニングサイクルを回す必要があるため、たしかに手間がかかります。

しかし、次第にメンバーが自分一人でサイクルを回せるようになれば、忙しいリーダーが常にトレーニングを行う必要がなくなり、メンバーが一人でトレーニングできるようになります。つまり、一人でもスキルが上達する仕組みになっているのです。

トレーニングサイクルを回す最大の目的は、「メンバーに自分で考えて行動する習慣を身につけさせること」です。自立したメンバーを育成することこそが、長期で考えれば、リーダーの仕事時間を短縮することにつながるからです。

それでは1つずつ詳しく見ていきましょう。

メモをさせて質問させる

どんなトレーニングを行う際にも、最初に行うのは「説明」です。しかし、すぐに説明をはじめてはいけません。説明をはじめる前に1つメンバーに大事な指示を出します。

「これから説明するけれども、説明した内容を必ずメモしてください」

説明を聞くときに「ただ聞く」のと、「メモしながら聞く」のでは集中力に差が出ます。そして、メモした内容はあとから読み返すことができます。つまり、リーダーが行った説明を、リーダーがいなくても何度でも見返すことができるようになるのです。

メモをとるよう指示してから説明をはじめます。

「ヤマダさん、この仕事は大きく第1工程、第2工程、第3工程に分かれているんだ。第1工程の目的は○○で、やり方は△△。第2工程の目的は○○で、やり方は△△。第3工程の目的は○○で、やり方は△△」

PART2
チームメンバーを育てる

このようにトレーニングする仕事についてひと通り説明します。

そして、質問を受けます。

「質問はありませんか？ わからない点や疑問点があれば聞いてください」

ここで「質問はありませんか？」と問われることで、メモしながら聞いていたメンバーは今一度、頭の中で仕事の流れを確認して、わからなかったこと、疑問に感じたことがなかったかを探します。

メンバーから質問があればそれに答えます。

以上が、トレーニングサイクルで説明する際にやるべきことです。

単に説明するだけでなく、最初にメモをとるよう指示することと、最後に質問を受けることを忘れないでください。

説明に忠実なお手本を見せる

トレーニングサイクルの2番目は「見本を見せる」です。

「ヤマダさん、じゃあこれから私が見本を見せるからね。よく見て、ポイントはメモしておいてね。まず第1工程はこうして……、第2工程ではこうやって……、第3工程もこのように……」

こんな感じで、話しながら実際に見本を見せます。

「やって見せるのは恥ずかしいなあ」と思うリーダーもいるかもしれませんが、見本は、あくまでも先ほど説明したことを、そのとおりの順番で、そのとおりに実行して見せることが目的です。言い換えれば、**言葉だけでは伝わらないことを、見せて伝えることが目的**なのです。

ここで説明と違うことをやってしまうとメンバーが混乱してしまいますから、**「恥ずかしい」という気持ちは捨てて、説明したとおりに忠実に実行してください。**

リーダーがメンバーにトレーニングする仕事のスキルというのは、リーダー自身がこれまでに現場で実践してきたスキルのはずです。それを堂々とやって見せてください。

メンバーに見本を見せる前に、自分なりにそのスキルのポイントやコツをまとめておいて、それらを一緒に伝えることができれば、さらに親切でしょう。

PART2
チームメンバーを育てる

失敗してもすぐに口を挟まない

トレーニングサイクルの3番目は、「メンバーにやらせる」です。

リーダーがやって見せた見本をメンバーにまねしてもらいます。

そのとき、リーダーはメンバーがやるのをよく観察します。

見本を見せたあと、「あとは自分で練習して」と言って、メンバーを残してさっさと自分の仕事に戻ってしまうリーダーがいますが、それではトレーニングサイクルの半分しか行ったことになりません。

メンバーは、リーダーがやったとおりにやろうとしますが、最初は必ず失敗します。車の運転の例で示したように、ある作業をやるのを忘れてしまったり、手間どったりするのが普通です。

メンバーがやるのを見ていれば、リーダーはどの作業を間違えたのか、あるいは忘れて

飛ばしてしまったのかはすぐにわかります。

しかし、すぐにそれを指摘してはいけません。

「ほら、そうじゃないだろう」という言葉は飲み込んでください。**間違ったり、手間どったり、忘れてしまっても、とりあえずは何も言わずに、最後までメンバーにやらせるようにします。**

話し合いながら考えさせて気づかせる

トレーニングサイクルの4番目は、「話し合う」です。

話し合うときに、リーダーがよく犯してしまうのが、自分でさっさと答えを言ってしまうという過ちです。

「ヤマダさん、2カ所ミスしたね。第2工程のあの作業を飛ばしてしまったのと、第3工程でもたついて時間がかかってしまっただろう。それは、×××だからなんだ」

ミスしたところをさっさと指摘して直したほうが、時間がかからず効率的にトレーニン

PART2 チームメンバーを育てる

ミスしたところをメンバー本人に気づかせ、自ら直すように仕向けます。

グできるのではないかと思うかもしれませんが、実際は逆です。

「ヤマダさん、実際にやってみてどうだった? 気づいたことを言ってみて」

そう言うと、ヤマダさんは第1工程から自分がやったことを思い出しはじめます。

「第1工程は比較的うまくできたのではないかと思います」

「うん、第1工程はうまくできていたよ。さすがだね」

「第2工程の途中で、『なんか違うなあ』と思ったのですが、何が違うのかがわかりませんでした」

「私が最初に説明したメモはあるかな? それを見ながらもう一度何が違ったのか考えてみて」

「あっ、わかりました。この作業をやるのを忘れてしまいました」

「そうだね、1つだけやるべき作業を忘れて飛ばしてしまったんだ。ほかにないかな?」

「第2工程の作業を1つやらなかったために、非常に手間どりました。リーダーのようにスムーズに作業ができませんでした」

143

「うん、そうだね。ほかにないかな？　なければ、もう1回やってみようか」

このように、**メンバー自身に考えさせ、メンバー自身が自分の間違いに気づくことが重要**なのです。

さっさとリーダーが間違いを指摘するのに比べると時間がかかりますが、この自分で考えて、自分で間違いを見つけて、自分で修正することができるようになると、リーダーがその場にいる必要がなくなります。

もちろん、メモを見ながらメンバーが自分で考えても何が失敗の原因かわからないこともあるでしょう。そのときはリーダーに聞きにきますが、何でもかんでもリーダーに聞きにくるのに比べれば、はるかにとられる時間が減少します。

すぐに間違いを指摘すると、こうした考える習慣が身につきません。トレーニング時間は短縮されますが、わからないことがあると何でも聞きにくるメンバーを育てているようなものですから、長い目で見れば、リーダーの時間を大量に奪う結果になるのです。

PART2 チームメンバーを育てる

自分で考えて行動する習慣を身につけさせるのが目的

トレーニングサイクルを回す目的は、「メンバーに自分で考えて行動する習慣を身につけさせる」ことです。**そのために大事なのが「話し合う」時間です。**

話し合うといっても、実際にはメンバー自身に考えてもらって気づいてもらうことが重要なので、リーダーは聞き役に徹します。

もしメンバー自身で気づけそうもないときは、リーダーがヒントを出してあげてもいいですが、あくまで答えを見つけるのはメンバー本人になるようにします。

こうして自分で考えて気づくことができるようになったメンバーは、自分一人でトレーニングすることができるようになります。

何度も自分でやってみて、うまくできたか、どこかでミスをしなかったか、説明を聞いたときのメモを見ながら自分で反省やチェックができるようになるからです。

しかし、多くの企業では、この話し合う時間がありません。

「御社ではどのようにトレーニングされていますか？」と研修にきたリーダーに聞くと、「説明して、実際にやらせます」という答え。つまり、**トレーニングサイクルの1番目と3番目だけという会社がほとんど**なのです。

しかも、3番目のメンバーにやらせるときもリーダーは見ていません。だから、メンバーが実際にできるようになったのか、実はリーダーは知らないのです。

これでトレーニングしたと本当に言えるのでしょうか？

リーダーは、メンバーができるようになったことを確認して、はじめてトレーニングが終わったと言えるのではないでしょうか。

信頼関係も構築できる

話し合う時間を設けると、メンバーの「心の窓」が開き、信頼関係も構築されます。

ある消防局のリーダーにトレーニングサイクルの研修を行ったときの話です。

PART2
チームメンバーを育てる

消防隊員へのトレーニングは、一般企業に比べれば時間をかけて細かく行われていますが、それでもいくつかの違いがあり、トレーニングサイクルを回すようになって、さまざまな変化が起きたそうです。

まず1番目の「説明する」は、マニュアルを読ませるだけにとどまっていました。そのため、説明不足の部分があったり、読んだメンバーの理解不足があったりで、実際にやらせると10人中3人しかマニュアルどおりにできませんでした。ところが、メモをとらせて説明し、質問を受けてから実際にやらせると、10人中6人ができるようになったそうです。

4番目の「話し合う」にも違いがありました。やらせたあとにやっていたのは、「なぜ言ったとおりにできないんだ。これでは市民の安全は守れない！」といった叱責や訓話でした。

これをやめ、車座になって一人ひとりに発言してもらうカタチに変えると、「ロープの○○結びがどうしてもうまくいきませんでした。次回までに練習して必ずできるようにします」とメンバーのやる気が上がったり、「リーダーがやっているのを見たときはかんたんそうに見えたのですが、実際にやると非常に難しいことがよくわかりました」とリーダーへの尊敬の念が芽生えたそうです。

プロローグで、信頼関係を築くためには、真剣に相手の話すことを聞くことが大事だと述べましたが、まさにこの「話し合う」ときにも聞くことが大事になり、それが信頼関係の構築に結びついていることがわかります。

私自身、P&G時代にトレーナーが個別に話を聞いてくれたりしたときに、「あっ、期待されているんだな。私のために同行してくれたりしたときに、「あっ、期待されているんだな。がんばらなきゃ」と何度も思いました。

トレーニングは、メンバーのスキルを上げることが第一ですが、**トレーニングをとおしてコミュニケーションが増え、聞く機会が増えることでリーダーとメンバーの信頼関係の構築に結びつく**ということを頭の片隅に留めておいてください。

次ページはトレーニングサイクルのチェックシートです。メンバー育成のために具体的にどのようなことをやるか、このシートを使って考えてみましょう。

トレーニング時に注意すべき3つのポイント

最後に、トレーニングを行う際に注意すべきポイントを3つ指摘しておきます。

PART2
チームメンバーを
育てる

トレーニングサイクルのチェックシート

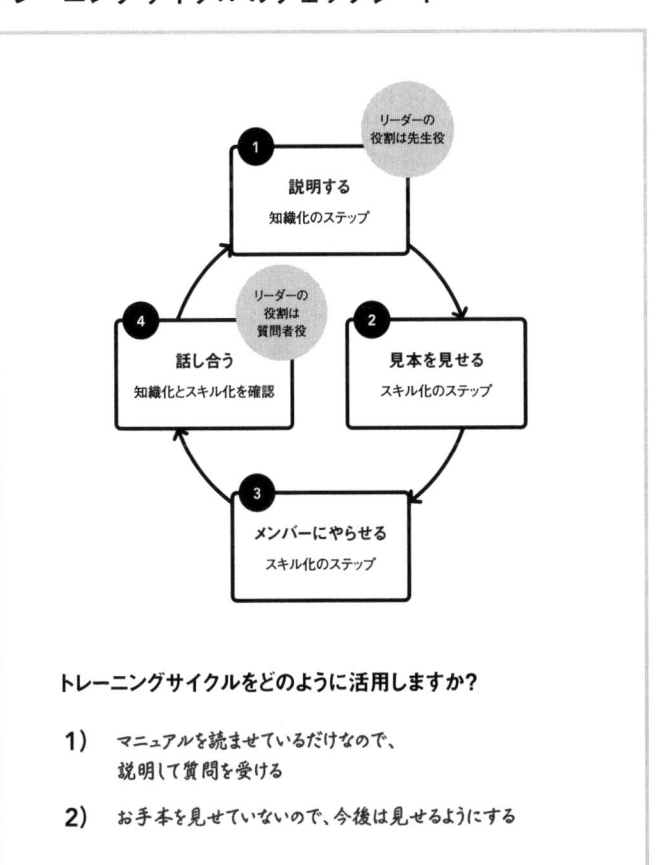

```
         1 説明する
           知識化のステップ
           （リーダーの役割は先生役）

4 話し合う                    2 見本を見せる
  知識化とスキル化の確認         スキル化のステップ
  （リーダーの役割は質問者役）

         3 メンバーにやらせる
           スキル化のステップ
```

トレーニングサイクルをどのように活用しますか?

1) マニュアルを読ませているだけなので、
   説明して質問を受ける

2) お手本を見せていないので、今後は見せるようにする

3) 一方的に指摘するだけだったので、明日から部下の話を聞く

注意すべきポイントの1つ目は、「先生役と質問者役の使い分け」です。トレーニングサイクルの「説明する」ときのリーダーの役割は「質問者役」になります。これに対して、「話し合う」ときのリーダーの役割は「先生役」です。トレーニングするというと先生役を担う意識が強くなりがちですが、同じ意識で「話し合う」と失敗します。この使い分けを意識できていないリーダーが、案外に多くいます。リーダーも3年目ともなれば、**説明するときは先生役、話し合うときは質問者役とハッキリと使い分けることを心がけましょう。**

注意すべきポイントの2つ目は「失敗したメンバーのパーソナリティを責めない」です。「きみの、そのいいかげんな性格がダメなんだ！」、こんな叱り方は絶対にNGです。そうではなく、提出日を守らなかったとか、大切な書類を紛失したとか、いいかげんに行った行為そのものを指摘して、その行為について叱るようにしてください。

注意すべきポイントの3つ目は、「リーダーよりも年上のメンバーへの接し方」です。トレーニングですからリーダーが教える立場であることは間違いないのですが、年齢が下の人から教わることに抵抗がある人もいます。年齢が上であるということは、人生においては先輩であるということです。その点を常

150

PART2 チームメンバーを育てる

に意識して、言葉づかいや態度にちょっとした配慮をすることを忘れないようにします。

どれも細かいことですが、こうした細かな心がけや気づかいが相手の心を和らげ、お互いの信頼関係も高まることになるのです。

[コラム] 知っておきたい営業同行の3つの目的

営業のOJTで欠かせないのが営業同行ですが、その目的が3つあることをご存知の人は少ないのではないでしょうか？

一つ目の目的は、トレーニングのための同行です。

リーダーは、各メンバーの営業に同行して、そのメンバーの営業をじっくりと観察します。そして、会話のスキルや言葉づかい、プレゼンテーションなど気づいた点を指摘し、改善策をメンバーと一緒に考えます。トレーニングサイクルの3番目と4番目を営業現場で行うと考えるとわかりやすいでしょうか。

営業同行の2つ目の目的は、ビジネスのための同行です。

クレームに対応するためにリーダーが同行する場合やキャンペーンに参加してもらうために

営業同行の3つ目の目的は、そのメンバーの人事評価のための同行です。

トレーニング目的のときは、「来週の火曜日、スズキさんのトレーニングも兼ねて一緒に同行したいので、よろしく」と事前告知することが大切ですが、人事評価が目的のときに事前に告知すると、前もって営業がうまくいくように得意先にお願いしたり、注文が確実にもらえる得意先ばかりに行く予定にしたりと事前に画策ができてしまうので事前告知は絶対にしてはいけません。

その日の朝、「スズキさん、ちょっと時間ができたから、市場調査もかねて今日、同行させてもらえないかな」と、突然、実施する必要があります。

このように、営業同行には3つの目的がありますが、一番大事なのは言うまでもなくトレーニング目的の営業同行です。

これが常日頃からできていれば、リーダーが同行しなくてもクレーム処理はできるはずですし、大きなキャンペーンでもメンバーが一人で決めることができます。各メンバーの営業スキルのレベルが把握できていれば、人事評価のために同行しなくてもよいはずです。

営業のリーダーは、どんなに忙しくても、メンバーのトレーニングのために、チームの業績を上げるために、同行する機会を増やすことが望まれるのです。

リーダーも一緒に営業する場合などです。

152

PART2
チームメンバーを育てる

同行結果レポート

所属	営業第1課	氏名	田中一郎
同行日時	11月20日	同行相手	山田次郎(営業課長)

1) 同行目的(商談前にリーダーとメンバーで合意)

ビジネス上の目的:
→新製品100ケースの受注

トレーニング上の目的:
→相手のニーズを確認したあと、強いクロージングをすること。
クロージング話法は、二者択一、相手に答えさせる、役割分担を述べるなどのテクニックを実践する。

2) 同行結果(商談終了後にリーダーとメンバーで話し合う)

ビジネス上の目的:
→新製品100ケースの目標に対して80ケースの結果であった。

トレーニング上の目的:
→相手のニーズの確認はOK、クロージングも二者択一の話法がしっかりと使えた。ただ相手からの反対意見に即対応できなかった。

3) ネクストステップ

→次回商談で継続フォロー、売れ行き次第で追加で20ケースの受注をもらう(12月10日まで)。
→反対意見の対処の手法を実践すること。

4) コメント(リーダーの課長から)

→今日はお疲れさまでした。得意先との信頼関係はしっかりと構築できています。相手のニーズもしっかりと確認できており、課題のクロージングもできてきました。この調子でがんばってください。
次回は上級話法の反対意見の対処方法を目標に同行しましょう。

5) 次回同行予定日

12月21日

05 メンバーのやる気を測る6つのチェックポイント

メンバーのやる気は何と関係があるのか？

リーダーがメンバーの育成のためにできることが2つありました。それは、「スキルを上げる」ことと、「やる気を上げる」ことです。

ここからは、やる気を上げるための考え方や方法について見ていきましょう。

まず、各メンバーのやる気がどの程度なのかを把握する必要がありますが、ただ漠然と

PART2 チームメンバーを育てる

メンバーを見ていても、やる気があるのかないのかよくわからないと思います。

そこで、やる気を測るためのチェックポイントを設定します。

① **仕事内容について満足しているか?**
② **将来の夢や目的と方向性が同じか?**
③ **先輩からも同僚や後輩からも慕われているか?**
④ **休日出勤や残業が多すぎないか?**
⑤ **仕事の達成度が高いか?**
⑥ **自分(リーダー)と信頼関係が築けているか?**

それでは、1つずつ見ていきましょう。

① **仕事内容について人が満足しているか?**

そのメンバーが仕事を楽しんでいるかどうか、その仕事が合っているかどうかです。

私が営業のリーダーをしていたとき、どう考えても営業という仕事に不向きなメンバーがいました。そのメンバー自身、営業に興味がもてずに悩んでいましたので、本人と話し

合ったうえで別の仕事に変わってもらったことがあります。メンバーのやる気を測るうえで、仕事内容について当人が満足しているかどうかは最も重要なチェックポイントだと言えます。

② **将来の夢や目的と方向性が同じか？**
そのメンバーが将来やりたい仕事や職種と、現在の仕事が結びついているかどうかです。
将来の夢や目的がないという人もいますが、そういう人に対しては、リーダーが自分の夢や仕事の目的を語るようにしましょう。夢や目的を語られると、自分も夢や目的が欲しくなるものだからです。
ビジョンや目的があるチームや会社のほうが強いように、個人でも夢や目的がある人のほうが大きく伸びるのは間違いありません。
メンバーの将来の夢や目的と現在の仕事が同じ方向を向いているかどうかが、メンバーの現在の仕事へのやる気に影響を与えます。

③ **先輩からも同僚や後輩からも慕われているか？**
360度、上からも下からも、右からも左からも好かれているかどうかです。
そのメンバーがピンチに陥ったときに、あちこちからサポートの手が差し伸べられるか

PART2 チームメンバーを育てる

どうか、と言い換えてもいいかもしれません。誰からも手が差し伸べられないということは孤立しているということですから、当然、仕事へのやる気にも悪影響を及ぼします。

④ 休日出勤や残業が多すぎないか?

これは説明する必要もないでしょう。

休日出勤や残業が多くなると、どうしてもやる気は下がります。一時的ならまだしも、慢性的になると肉体的にも精神的にも体調不良をともなうようになりますから、リーダーは各メンバーの仕事量には常に注意を払う必要があります。

⑤ 仕事の達成度が高いか?

これもあまり説明する必要はないでしょう。

仕事の達成度が高いということは、それだけやる気が高い証拠ですし、達成度が低ければ、それだけやる気が低迷していることが考えられます。

⑥ 自分(リーダー)と信頼関係が築けているか?

直接の上司である自分との関係が悪ければ、そのメンバーのやる気は上がりません。

会社を辞める理由で多いのが、この「上司と合わない」です。

リーダーは、メンバーの「心の窓」を開く努力をいつ何時も忘れてはならないのです。

金銭的報酬とやる気の相関関係は低い

「給料が安いから、やる気が出ません」

これは本当でしょうか？　私はやる気のチェックポイントをつくる際に、この点についても本を読んだり、学者やコンサルタントから話を聞いたりしましたが、**お金とやる気の相関関係は低い**という結論になりました。

表面的にはよく「給料が安いから」と言いますが、それは言いやすいからそう言っている面があり、やる気が出ない、本当の不満の原因は別にあることが多いのです。

ですから、リーダーは、「給料が安いから、やる気が出ません」とメンバーに言われたとしても、それを鵜呑みにする必要はありません。

「まあ、そうだよなあ」と話を合わせておいて、別の原因を探るようにしてください。

次ページは、やる気のチェックシートです。これは、各メンバーのやる気を測るのにも使えますが、自分のやる気を測るのにも有効です。ぜひ試してみてください。

PART2 チームメンバーを育てる

メンバーのやる気チェックシート

メンバーの名前（イニシャル可）田中太郎

メンバーの現在の状況はいかがですか？
最も近いと思う番号に○をしてください。　　　　　（1がBad、5がGood）

① 仕事内容について
満足しているか？

Bad　　　　　　　　　　Good
1　　2　　3　　④　　5

営業向きの性格

② 将来の夢や目的と方向性が
同じか？

Bad　　　　　　　　　　Good
1　　2　　3　　④　　5

この会社で営業部長になるのが
今の目標

③ 先輩からも同僚や後輩からも
慕われているか？

Bad　　　　　　　　　　Good
1　　②　　3　　4　　5

スタンドプレーがたまにあって
あまり慕われていない

④ 休日出勤や残業が
多すぎないか？

Bad　　　　　　　　　　Good
1　　②　　3　　4　　5

残業が多いのでアドバイスが必要

⑤ 仕事の達成度が高いか？

Bad　　　　　　　　　　Good
1　　2　　③　　4　　5

先月は達成できなかったが
今月は訪問件数を増やしている

⑥ 自分（リーダー）と信頼関係が
築けているか？

Bad　　　　　　　　　　Good
1　　2　　③　　4　　5

平均的なので
より会話の回数を増やす必要がある

平均点を出してください

Bad　　　　　　　　　　Good
1　　2　　③　　4　　5

06 やる気を引き上げる3つの秘訣

チェックシートによって、部下の現在のやる気の度合いがわかったら、次にやるべきは、やる気の低いメンバーのやる気を引き上げることです。

そのための秘訣が次の3つです。

① **プライドをくすぐる**

> プライドをくすぐる

PART2 チームメンバーを育てる

② 競争心を刺激する
③ チームワークを意識させる

「プライドをくすぐる」、これはP&Gで私が一番やってもらったことです。P&Gのリーダーは、このプライドをくすぐるのがとてもうまいのです。

たとえば、目標を達成したらすかさず「小森さん、さすがだね。小森さんならやってくれると思っていたよ」などとすぐにホメてくれます。

私がほかの人よりも高い目標を掲げたら、「そのチャレンジ精神がすばらしい。小森さんなら絶対できる。期待しているよ」などと、おだててくれます。私はそのおだてにのって、ひょいひょい木に登っていました。

ほかにも「小森さんが一番だから」とか、「今月も当然、売上達成でしょ」とか、「大丈夫、大丈夫、小森さんなら大丈夫」といった具合です。

目標を達成したり、結果が出たときにホメるだけでなく、思わずがんばってしまうような言葉がけがプライドをくすぐります。3年目のリーダーなら、火に油を注ぐような声を

かけられるように工夫したいものです。

一方で、前にも述べましたが、「勉強しなさい」は勉強する気をそぐことになりがちです。同様に、やる気をそいでしまうようなひと言を発してしまったばっかりに、メンバーのやる気が低下してしまうこともままあります。火に水をかけて消してしまうことにならないよう言葉にはくれぐれも注意しましょう。

ライバルをつくる

やる気を上げる2つ目のポイントは、「競争心を刺激する」です。
そのためには競争する相手——ライバルが必要です。それも1つではなく3つくらいあるといいでしょう。

1つ目のライバルが、ライバル会社です。どの会社にも競争相手となる会社があるものです。その会社をライバル会社に設定して競争心を刺激します。

PART2
チームメンバーを育てる

営業は言わずもがな、経理であっても、あのライバル会社よりも早く正確に数字を把握する、月次決算を1日早く出すなど、競う指標はいろいろ考えられます。

2つ目のライバルが、社内の別の課（チーム）です。社内ライバルをつくるのです。これも営業1課と営業3課などはわかりやすいと思いますが、人事課と経理課がコストダウンを競ってもいいですし、残業時間の削減を競ってもいいのです。リーダーの工夫次第、アイデア次第です。

3つ目のライバルが、個人のライバルです。「同期のアイツには負けない」というのでもいいですし、「1年先輩のあの人に1日でも早く追いついてみせる」でもいいでしょう。

こうしたライバルをリーダーがうまく設定して、競争心を刺激するとメンバーのやる気が高まります。

ただ、あまり競争をあおると、ルール違反や反則スレスレの方法で勝とうとする人が現れることもありえます。競争がやる気を引き上げるのは確かですが、行き過ぎには注意し、あくまでもルールに則った正しい競争を刺激するようにしてください。

その人に最適の役割を与える

メンバーのやる気を引き上げるための3つ目のポイントは、「チームワークを意識させる」です。

自分一人のためだと思うと「これぐらいでいいか」と妥協してしまうことでも、チームのため、周りの人たちのためだと思うと妥協せずにがんばれる、ということがないでしょうか？

そのためには、チームにとって大切な役割をメンバー各自に与えることが大事になります。それもできるだけ具体的に、できればその人にしかできないような役割であると、なお良いでしょう。

「明日の日曜日、野球の試合があるんだけど一人足りないんだ。出てくれないかな？」

この誘い方では、「誰でもいいから一人来てほしい」と言われているようなものですから、

PART2 チームメンバーを育てる

休みの日にわざわざ行こうという気にはなりません。

「小森さん、明日の日曜日、野球の試合があるんだ。高校時代、野球部だったんだよね。ぜひそのときと同じ、ファーストで5番をお願いできないかな?」

こう誘われれば、せっかくの休みの日でも行く気が出てくるのではないでしょうか。単なる人数合わせでは、やる気に火がつきませんが、**自分のことを調べたうえで、それに相応しい役割を用意して待っていると言われれば、イヤな気はしない**はずです。

仕事でも同じことが言えます。

リーダーがメンバーの特徴や嗜好をよくつかんだうえで、それに相応しい役割を与えれば、そのメンバーのやる気が一段と高まるのです。

一人ひとりの導火線の見つけ方

167ページは、メンバーのやる気を高めるためのシートです。リーダーは、やる気を高め

るための3つの秘訣をうまく組み合わせて使うことが求められます。

プライドをくすぐるとやる気が高まりやすい人もいれば、ライバルと競争することが好きな人もいます。逆に、やたらにホメられると気持ちがしらけてしまう人、競争をあおられることを嫌悪する人もいます。

基本的には、**人は誰でもやる気を出したいと思っています。よく燃える油は誰の中にも必ずあるもの**です。

リーダーの役割は、その油につながる導火線を見つけて、そこに火をつけることです。

そのために大事なことは、何度も述べているように、メンバー一人ひとりをよく見て、よく話を聞くことです。

メンバー一人ひとり、導火線は違うところにあるでしょう。でも、必ずどこかにあるはず。そう信じていれば導火線は必ず見つかります。

やる気の導火線に火をつけると言うと、何かとても難しいことのように思えるかもしれませんが、あまり**難しく考えすぎず、積極的にメンバーに関われればいい**のです。そのリーダーの積極的な姿勢がメンバーに火をつけることもあるのですから。

PART2
チームメンバーを
育てる

メンバーのやる気を高めるシート

モチベーションの3つのポイント

1) プライドをくすぐる
2) 競争心を刺激する
3) チームワークを意識させる

以上を今までどのように活用してきましたか?

→今までは、メンバーに指示し、できてない点を指摘することが、リーダーの仕事と思っていた。
　とくにメンバーのモチベーションを意識して上げることはできてなかった。

今後どのように活用しますか?

1) プライドをくすぐる
→メンバーに対して「今月の売上達成、期待してるよ」
　「小森君なら目標達成、間違いなしだよね」
　「今回の商談はハイレベルだけど、小森君なら大丈夫だよね」など、
　メンバーがやる気になるような言葉をかけていく。

2) 競争心を刺激する
→メンバーのA君とB君を競い合わせ、どちらが新製品の売上達成率が高いかを
　意識してもらう。
　今はA君の得意先で自社が三番手なので、2番に食い込めるような目標を
　設定。ライバル会社に対して競争心をもってもらう。

3) チームワークを意識させる
→メンバー5人のプロジェクトの役割分担を明確に決定し、誰がいつまでに何をするのかを全員で共有する。
　その際は、各自の長所、やりたいことを考慮して決定する。

メンバー育成の重要ポイント一覧

「スキル」を上げる

スキル上達の3ステップ
- ステップ1　知識化
- ステップ2　スキル化
- ステップ3　習慣化

教えるときの6つのコツ
- 事前告知する／細分化する
- たとえ話を使う／印象づける
- ホメる／フォローアップする

トレーニングサイクル
説明する → 見本を見せる → メンバーにやらせる → 話し合う →（繰り返し）

「やる気」を上げる

6つのチェックポイント
- 仕事内容について満足しているか？
- 将来の夢や目的と方向性が同じか？
- 先輩からも同僚や後輩からも慕われているか？
- 休日出勤や残業が多すぎないか？
- 仕事の達成度が高いか？
- 自分（リーダー）と信頼関係が築けているか？

3つの秘訣
- プライドをくすぐる
- 競争心を刺激する
- チームワークを意識させる

PART 3

チームを
マネジメントする

01 マネジメントの5ステップ

> **リーダーは何をマネジメントするのか？**

リーダーには、大きく「リーダーシップ」「メンバー育成」「マネジメント」の3つの役割があると述べました。

PART3では、3番目の「マネジメント」について考えてみたいと思います。

マネジメントとは、かんたんに言ってしまえば「管理する」ことです。

PART3 チームをマネジメントする

では、何を管理するのでしょうか?

ここでもう一度思い出してください。リーダーに課されている一番の仕事、最優先の仕事は何だったでしょうか? それはチームとして成果を出すこと、チームに課されている目標を達成することです。しかも、単年ではなく何年も連続して。

したがって、**チームとして目標を達成するために管理すべきことを管理する**——マネジメントするのがリーダーの仕事ということになります。

マネジメントにおいて大事になるのが達成率です。

リーダー1年目であれば、目標に対しての達成率が60パーセントであっても許されるかもしれません。何しろはじめてリーダーをやるのですから、とりあえず見よう見まねでやってみるのが1年目だからです。

リーダーも2年目になれば、達成率は最低でも80パーセントは欲しいところ。いくつかの成果を出すことができれば達成可能な数字です。

リーダー3年目なら、達成率は100パーセント以上。これが達成できれば、アップ・オア・アウトの「アップ」——昇格・昇進が見えてきますが、逆に未達成なら「アウト」

――リーダー交代の危機に直面することになります。そうならないためにも、マネジメントの要諦をここでしっかりと理解し実践するようにしてください。

余談ですが、1年目のルーキーイヤーで目標を100パーセント以上達成してしまうスーパーリーダーがいますが、私のこれまでの社会人経験、講師経験から考えて、そうしたスーパーリーダーは100人に1人いるかいないかです。

もし、あなたが1年目から100パーセント以上目標を達成できたとしたら、それはリーダーであるあなたの力量というよりも、メンバーの力量が優れていたからです。

そこは勘違いしないようにしたいものです。

目標を達成するためにやるべきこと

チームが目標を達成するためのマネジメントとして、第一にリーダーがやるべきことは、**チームの目標を立てることです。**

PART3 チームをマネジメントする

そして、その目標を達成するための戦略を考えて決定します。さらに、**決まった目標と戦略をチームメンバーに伝えてきちんと理解してもらうことも大切**になります。

チームが目標を達成するためのマネジメントとして、第一にリーダーがやるべきことは、**目標を達成するためのチームづくり**です。

メンバーを育成するとともに、誰が何をやるのか、役割分担をハッキリさせます。

チーム内のコミュニケーション量なども考えて組織形態を決めます。

チームが目標を達成するためのマネジメントとして、第三にリーダーがやるべきことは、**チームの目標をメンバーの目標に置き換え、それぞれ達成するまでの進捗状況を管理する**ことです。

予定より遅れていたら、何らかの改善の手を打たなければなりません。戦略の方向修正や役割分担の変更、場合によっては目標の変更の必要もあるかもしれません。

チームが目標を達成するためのマネジメントとして、第四にリーダーがやるべきことは、

報奨システムをつくることです。

メンバーのどういった行動を推奨し、どのような行為を行ったら罰するのか。メンバーのやる気を維持、向上させるシステムをつくる必要があります。

チームが目標を達成するためのマネジメントとして、第五にリーダーがやるべきことは、**メンバーのコミットメントを得る**ことです。

目標が達成できるかどうかは、メンバーのがんばり次第です。「そんな目標、達成するのはムリだ」とハナからメンバーが思っていたら目標達成は困難を極めることになります。いかにメンバーに同意して決心してもらうかが重要なのです。

以上、リーダーがやるべき5つをまとめたものが、次ページの「マネジメントの5ステップ」です。ステップ2の中にはメンバー育成が含まれますが、これについてはPART2で詳しく論じてきたので割愛します。

それ以外にも、これまでの「リーダーシップ」「メンバー育成」で述べてきたことと重複する部分もありますが、ステップごとに1つひとつ詳しく見ていきましょう。

PART3
チームを
マネジメントする

マネジメントの5ステップ

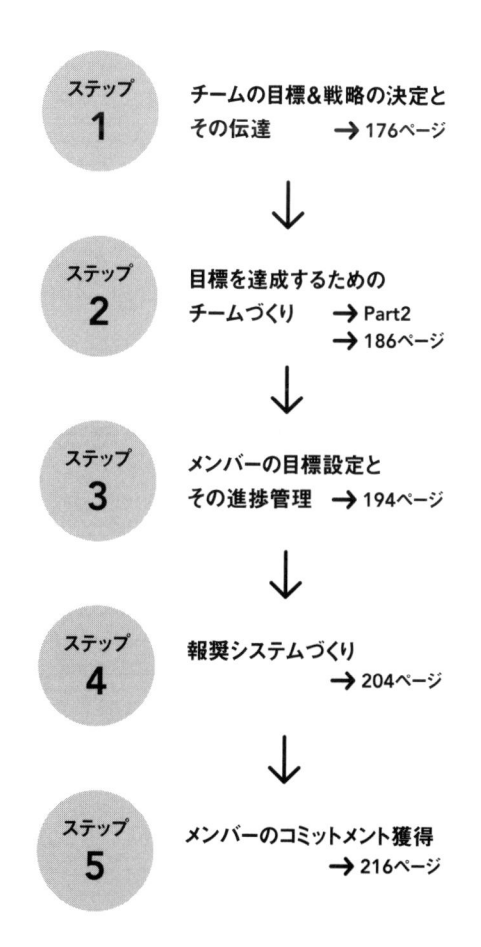

ステップ1 チームの目標&戦略の決定と
その伝達　→ 176ページ

↓

ステップ2 目標を達成するための
チームづくり　→ Part2
　　　　　　　→ 186ページ

↓

ステップ3 メンバーの目標設定と
その進捗管理　→ 194ページ

↓

ステップ4 報奨システムづくり
→ 204ページ

↓

ステップ5 メンバーのコミットメント獲得
→ 216ページ

02 「OGSM」で目標と戦略を決める

リーダーでも目的は勝手に決められない

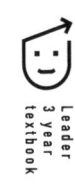

「マネジメントの5ステップ」のステップ1は、「チームの目標&戦略の決定とその伝達」です。

このステップ1で役立つのが、私がP&Gで学んだ「OGSM」です。OGSMとは、次の4つの英単語の頭文字です。

PART3 チームを
マネジメントする

OBJECTIVES‥目的
GOALS‥目標
STRATEGIES‥戦略
MEASURES‥測定

OGSMの「O」はOBJECTIVES──目的のことです。チームとして何を達成するのか? 何を達成すべきなのか? 目的を言葉で表現します。

ただ、リーダーだからといって、好き勝手に目的を決められるわけではありません。

なぜなら、リーダーが率いるチームも会社という組織に属しているからです。

つまり、チームの目的も、会社の目的にそった目的にする必要があるのです。

もっとハッキリ言ってしまうと、会社であれば、社長がまずOGSMを決めて各部門の部長に伝えます。部長は社長の「S‥戦略」を実行することが「O‥目的」になります。

部長のOGSMが決まったら、それを課長に伝えます。課長は部長の「S‥戦略」を実行することが「O‥目的」になります。

課長のOGSMが決まったら、それをメンバーに伝えます。メンバーは課長の「S‥戦

略」を実行することが「O：目的」になります。

このように、ピラミッド型の組織では、上位者の「S：戦略」が下位者の「O：目的」になることで、最上位者である社長の目的に向かって社員全員が取り組む組織体制となるのです。

したがって、リーダーといえども目的を勝手に決めることはできないのです。

「具測達一」で目標を設定する

OGSMの「G」はGOALS──目標のことです。リーダーの中には、目的と目標がごっちゃになっている人がときどきいますが、3年目ともなれば目的と目標の違いとその関係についてメンバーに説明できなければなりません。

目標は、目的を達成するために「具測達一」に注意して表現したものです。具測達一は次の4つのことです。

PART3
チームをマネジメントする

"企業"における「OGSM」の関係

社長の **O**bjectives：目的
　　　 Goals：目標
　　　　 Strategies：戦略
　　　 Measures：測定

→ 部長の **O**bjectives：目的
　　　　 Goals：目標
　　　　　 Strategies：戦略
　　　　 Measures：測定

→ 課長の **O**bjectives：目的
　　　　 Goals：目標
　　　　　 Strategies：戦略
　　　　 Measures：測定

→ メンバーの **O**bjectives：目的

① その目標は具体的か？
② その目標は測定可能か？
③ その目標は達成可能か？
④ その目標に一貫性はあるか？

目標は具体的でなければなりません。具体的な目標にするためには、「数値にする」「期間を決める」「固有名詞を入れる」などの工夫が必要です。

「いつまでに」「誰が」「何を」達成するのかという視点で目標を考えてください。

目標は測定可能でなければなりません。測定できなければ、最終的に目標を達成できたかどうか判断ができないからです。また、途中で目標の達成度を測ることもできません。

1年後に目標を達成するためには、その半分の半年後にどこまで達成している必要があるのか（半年後の目標）。

半年後の目標を達成するためには、その半分の3カ月後にどこまで達成している必要があるのか（3カ月後の目標）。

3カ月後の目標を達成するためには、1カ月後、2カ月後にどこまで達成している必要があるのか。

といった具合にブレイクダウンして考え、そのチェックポイント時に進捗を測らなければならないのです。

目標は達成可能でなければなりません。達成できない目標は絵に描いた餅です。

一方で、目標はチャレンジングである必要もあります。何もしなくても達成できてしまうような目標は、目標と呼ぶに値しません。

チームが努力してジャンプすれば届くであろう目標を立てるのが、リーダーの腕の見せ

PART3
チームを
マネジメントする

所です。さじ加減は難しいですが、ぜひチャレンジングで達成可能な目標を立てるようにしましょう。

目標には一貫性も必要です。毎年、毎年、まったく方向性の違う目標を立てても達成することはできませんし、何のために目標を達成するのかがわからなくなります。一貫性のない目標は、やる気の低下を招くことにもなります。

会社の長期ビジョンや目的に合致した（OGSMの関係を反映した）一貫性のある目標を設定することが重要です。

「4つのS」で戦略を立てる

OGSMの「S」はSTRATEGIES——戦略のことです。目的と目標が「何を達成するか」だったのに対し、**戦略は「どのように達成するか」、手段であり方法**です。

目的と目標を達成するためには、一般的には、3つの戦略が必要だと言われます。

それでは、何に注意すれば良い戦略、効果的な戦略が立てられるのでしょうか？ 戦略立案はそれだけで本が何冊も出ているほどですが、ここでは私がP&Gで学んだ非常に有効な「4つのS」について紹介しましょう。

Sufficient：十分かどうか？
Sustainable：持続して使えるかどうか？
Selective：選択されたものかどうか？
Synchronized：一致しているかどうか？

戦略を実行し、その戦略どおりに事が運んだにもかかわらず目標が達成できなかったとしたらどうでしょう？

その戦略は、目標を達成するのに効果的ではなかったということになります。

1つ目の「十分かどうか？」とは、その戦略を実行し、その戦略どおりに事が運んだときに目標が達成できるかどうか、その十分性を問うものです。

効果が十分な戦略を立てるためには、得意先の状況や競合の状況、消費者ニーズの変化、

PART3
チームを
マネジメントする

自社の強みなどを分析して明確にする必要があります。それらを反映させた戦略こそが効果が十分にある戦略なのです。

戦略は、たった1回成功するだけでは不十分です。継続的に何度も成功に導いてくれる戦略こそが良い戦略、効果的な戦略です。

「持続して使えるかどうか？」とは、この持続性を問うものです。持続して使える戦略だからこそ、競合に対して競争優位に立つことができるのです。

戦略は、実行したいことリストでもなければ、思いつきリストでもありません。目的と目標を達成するために最も有効な実行リストでなければならないのです。

そのためには、**考えつく限りの案（アイデア）を30以上は出し、その中から「これは！」という案を3つ選び抜く必要があります。**

「選択されたものかどうか？」とは、この選択性を問うものです。

戦略は、他社で成功している戦略をマネすることではありません。自社独自の強みを活

183

戦略を測定していち早く修正を加える

OGSMの「M」はMEASURES——測定のことです。

具測達一の測は、測定可能な目標を立てることでしたが、OGSMの測定は戦略の進捗状況の測定です。測定可能な目標だからこそ、途中の進捗を測定できるのです。

たとえば、「売上と利益を2倍にする」という目標に対して「キャンペーンによる販促活動」という戦略を立てた場合、キャンペーンに参加してくれる協力店の進捗状況やキャンペーン用の販促物作成の進捗状況、キャンペーン商品の販売の進捗状況など、さまざまな進捗状況を測定する必要があります。

測定された数値で、その戦略の達成率がわかります。

かす方法こそが、その会社の戦略になるのです。

「一致しているかどうか?」とは、自社の強みや、自社が抱える人材の強み、技術の強みとの一致性を問うものです。

PART3 チームをマネジメントする

戦略を立て、それを実行に移して、そのまま成功することはまれです。消費者ニーズはめまぐるしく変わりますし、競合もこちらの戦略を見て、新たな対応策を考えて実行してきます。

1週間単位、ときには1日単位で細かく戦略の進捗状況を測定しなければ、急激な環境変化を早期につかみ、その変化に対応した修正を戦略に加えたり、新手を打てません。急激な変化に早急かつ臨機応変に対応するためにも、目的と目標を確実に達成するためにも、**途中の進捗状況の測定は欠かすことのできないリーダーの重要な仕事**なのです。

目標の途中経過を測定しているリーダーは多いでしょう。しかし、より踏み込んで戦略の進歩状況についても測定して確認しているリーダーはそう多くないようです。リーダーも3年目ともなれば、**戦略の途中経過を測定することで実行力を上げ、目標達成を確実なものにしてください。**

そのために、チームメンバー全員に進捗状況を伝え、シェアすることも大切です。

03 チームづくりで大切な3つのポイント

> メンバーは6人まで

「マネジメントの5ステップ」のステップ2は、**「目標を達成するためのチームづくり」**です。

チームメンバー一人ひとりの育成がチームづくりに欠かせないことは言うまでもありませんが、それについてはPART2でスキルとやる気を上げる方法について詳しく述べましたので、ここでは、強いチームにするための3つのポイントについて考えてみたいと思

PART3
チームを
マネジメントする

います。

1つ目は、チームの人数についてです。

あなたはチームの人数は何人が最適だと思いますか？

これまで見てきたように、リーダーは、メンバーの育成にも責任がありますし、戦略の進捗状況を管理する必要もあります。それ以外にも多種多様な仕事があります。

メンバーが10人いたら、こうしたリーダーの仕事を果たしてヌケモレなくできるでしょうか？　一人ひとりと十分なコミュニケーションがとれるでしょうか？

チームの土台となるのは信頼関係だとプロローグで述べました。そして信頼関係を築くためには、コンタクト回数が重要だとも述べました。この観点から**リーダーが一人でマネジメントできるメンバーは6人まで**だと考えています。

つまり、**チームはリーダーを含めて7人以内**。

それを超えると、リーダーとメンバーのコンタクト回数が減り、話をじっくり聞く機会も時間も足りなくなると思っています。

もちろん個人差はあります。経験の差によってもマネジメントできるメンバーの人数には違いがあるでしょう。1年目のリーダーが6人のメンバーをきちんとマネジメントすることは難しいかもしれませんが、3年目ならば、6人のメンバーをきちんとマネジメントしなければなりません。

2つ上の上司にも直接コンタクトOK

リーダーといえども、パーフェクトな人間にはなれませんから、ときにはヌケモレが発生しますし、どうしても気の合わないメンバーがいることもありえます。
ですから、チームづくりにおいては、リーダーがすべてのメンバーをカンペキに見ることができないことも考慮しておくことが大切になります。
そのための1つの方法が、**2階級上の上司にも直接コンタクトをとってもよいというルール**です。

PART3
チームを
マネジメントする

　たとえば、ある部門は部長の下に4人の課長がいて、それぞれの課長の下にメンバーが6人いたとします。

　この部門のメンバーは、直接の上司である課長と直接やりとりするのは当然ですが、部長にも直接コンタクトをとることを認めます。

　課長宛にメールを送るときに、必要だと思えば部長にもCCで同送してもよいことにします。ただし、部長だけに送るのは課長の頭越しにやり取りすることになるので、どうしてもという場合を除いて行わないようにします。

　こうすると、仮に「課長とはあまり合わないなあ」と思うメンバーも、「部長は本当にすごい。尊敬できる」と思えれば、そのメンバーのやる気は下がりません。

　課長だけには言いにくいことも、部長にも伝えることができることで言えるというケースもあります。これがガス抜きになったりします。

　部長の側から見ても、4人の課長とそのメンバーが6人で全部で24人です。もし部長の下に6人の課長がいたとしても全部で36人。学校の1クラスよりも少ないことを考

えれば、ギリギリ顔と名前とプロフィールが頭に入れられる人数だと言えるでしょう。

この意味合いでもメンバーは6人までがいいと言えます。

リーダーとメンバーは相対する1対1の緊張しやすい関係ですが、そのもう1つ上の上司ともコミュニケーションがとれるようにすると、リーダーにもメンバーにも心の余裕が生まれ、いい意味でアソビのある関係がつくれるのです。

P&Gでも、直接の上司以外に、トレーナーという別の存在の人がいました。直接の上司には相談しづらいことも、このトレーナーには相談できたという経験が私にもあります。逃げ場というと語弊があるかもしれませんが、面と向かい合う関係のほかにもう1つ別の関係があると、お互いにとって良い関係が築けるようです。

チームづくりの2つ目のポイントとして、**リーダーとメンバーの直接の関係以外にもう1つ別の関係を意図的につくる**ことをあげておきたいと思います。

ちょっとしたことですが、チームをギスギスさせないためにも、ひと工夫してみたいポイントです。

PART3
チームを
マネジメントする

役割をハッキリさせ全員でシェアする

チームづくりの3つ目のポイントは、メンバーの役割分担をハッキリさせ、それをチーム全員でシェアしておくことです。

突然ですが、パリ・ダカール・ラリーというのをご存知でしょうか？「パリダカ」と呼ばれる車のレースで、アフリカのダカールからフランスのパリまで、砂漠などの悪路もものともせずに走り抜けるレースです。

このパリダカで、日本人ドライバーとして優勝したのが篠塚建次郎さんです。

篠塚さんは何度もパリダカに挑戦していますが、優勝したのは1回だけです。そのときだけ何が違ったのでしょうか？

それが「監督のマネジメント」だと篠塚さんは言います。

世界各国から集められた60人のチームにおいて、優勝したときの監督は「チームの目的

191

は優勝だ」と、事あるごとに話したそうです。そして、各メンバーに何度も何度も、そのための戦略を語りました。
また、各メンバーにはお互いに自己紹介をさせ、「自分は何のために、何をするためにここにいるのか」を話すように促しました。チームが優勝するために、自分に与えられた役割が何なのか、自覚させたのです。
そして、お互いがお互いの役割を知ることでチームワークが生まれたと言います。

たとえば、車の下にもぐってアメリカ人メカニックが修理をしていたとします。横ではドイツ人メカニックがタバコを吸っています。
普通なら、「こっちが汗水流して修理しているのに、横でタバコなんか吸ってるんじゃねえ」と関係が悪化するのですが、お互いの役割を知っているこのときのメンバーは、
「あっ、アイツは確か、俺が修理している部分の隣の担当だったな。俺の仕事が終わらないとアイツは仕事がはじめられないんだな」ということが話さなくてもわかります。
だから作業が終わったときに、「遅くなって悪かったな」と、ひと声かけます。
声をかけられたほうも、「いやいや、なかなか早かったよ」と答えるわけです。

PART3 チームを
マネジメントする

たったこれだけのことなのですが、こうしたことがあちこちで起こることによってメンバー同士の信頼関係がどんどん築かれていったのです。

この篠塚さんのお話は、先ほど述べたステップ1の「チームの目標&戦略の決定とその伝達」がいかに重要であるかを裏づけてくれます。

チーム全員が優勝という目標を共有し、そのための戦略についても監督がしっかりとメンバーに理解させているからこそ優勝できたのです。

そして、メンバー一人ひとりの役割をハッキリさせ、それをメンバー全員が知っていることでチームワークが芽生えました。

お互いの役割がわかっていれば、コミュニケーションがとりやすくなります。コミュニケーションがとりやすくなれば、自然とコンタクト回数が増え「心の窓」が開くことも、この話からよくわかるのではないでしょうか。

04 メンバーの目標の決め方とその進捗管理

「5パーセントのバッファー」で魔法がかかる

「マネジメントの5ステップ」のステップ3は、**「メンバーの目標設定とその進捗管理」**です。

リーダーは、チームの目標を各メンバーに振り分けて各人の目標を設定し、それぞれの進捗状況を管理します。

179ページのOGSMの図をもう一度見てください。この関係で見たように、リーダーの

PART3 チームをマネジメントする

上司の戦略が、リーダー自身の目的になり、その目的を達成するためのリーダーの戦略が、メンバーの目的になります。

これを、もう少し具体的に理解するために、わかりやすい営業の事例で見てみましょう。

ある営業部門の売上目標は2億5000万円でした。

部長は、商品群を5つに分けて営業部隊を編成し、それぞれが5000万円ずつ売上をあげることで目標を達成するという戦略を立てます。

5つの営業部隊のリーダーの目的は、5000万円の売上をあげることです（この場合は、5000万円という具体的で測定可能な金額なので目標でもあります）。

5000万円の売上目標を達成するために、リーダーは自分と6人のメンバーにそれぞれ担当を与え、金額を割り振ります。

得意先を担当するAさんとBさんにそれぞれ700万円、チェーン店を担当するCさんに1000万円、法人を担当するDさんに500万円、新規開拓を担当するEさんに500万円、ネット販売を担当するFさんに600万円、リーダーである自分が500万円、

1000万円といった具合です。

合計すると5000万円になります。

これが一般的なチームの目標設定かと思いますが、これでは誰か一人が目標未達に終わると、チームも目標未達に終わる可能性が高くなります。

そこで**3年目のリーダーにおすすめしたいのが、バッファーを加えた目標設定**です。

たとえば、各人の目標を5パーセントずつ高めに設定します。

得意先を担当するAさんとBさんにそれぞれ735万円、チェーン店を担当するCさんに1050万円、法人を担当するDさんに525万円、新規開拓を担当するEさんに525万円、ネット販売を担当するFさんに630万円、リーダーである自分が1050万円。合計で5250万円となり、250万円分の余裕が生まれるのです。

これによって、チームの目標達成確率は格段に上がることになります。

私に関して言えば、**この5パーセント・バッファー法を使ったときのチームの目標達成確率は100パーセント**です。まさに魔法のような方法なのです。

PART3 チームをマネジメントする

バッファー分の意味をメンバーと共有する

このときに注意したいのが、このバッファー分をメンバーにどう説明するかです。

まず考えられるのは、バッファーであることを隠して、会社の上層部から降りてきた数値が5250万円だと説明する方法です。

会社全体の年間予算や部門ごとの収支などが社員全員に開示されていない会社であれば、これも可能ですが、こうした数値がすべて開示されている透明度の高い会社では、この方法は使えません。

また、リーダーとメンバーの信頼関係を築くうえで、意図的にある情報を隠したり、都合よく情報内容を変更することは、それがバレたときに大きなマイナスになるというリスクがあります。

したがって、私はこの方法をおすすめしません。

やはり正直に、チームに与えられた目標は5000万円であり、その目標を必ず達成するために5パーセントのバッファーを加えた数値を目標にしたことをリーダーはメンバーに告げるべきです。

そして、**チームとして5パーセントの余裕をもつことが、どれだけチームの目標達成の確率を上げてくれるかを説明する**のです。

人は1000万円が目標だと言われると、1000万円に対して行動します。目標達成までの進捗管理を行っていれば大きな増減は避けられますから、目標を達成できるかどうかは最後の最後に決まります。

年間目標が達成されるのは、最後の12カ月目が一番多いのです。

残念ながら目標未達に終わることが確定するのも、この12カ月目です。

このときにバッファーの5パーセントの違いが大きな違いを生み出します。

5000万円の目標に対して動いていたチームは最後の最後まで目標を達成できるかわからずハラハラ・ドキドキです。

一方、5パーセントのバッファーを加えて5250万円の目標に対して動いていたチー

PART3 チームをマネジメントする

目標を大きく上回れば上回るほど良いというものではない

ムは、5250万円に対しては同様にハラハラ・ドキドキですが、仮に150万円不足して5100万円で終わったとしても、本来の5000万円の目標は達成できてしまいます。これが5パーセントのバッファーの魔法の正体です。

メンバーにも、手品のタネ明かしのように、この魔法のタネ明かしを行えば、なぜ5パーセント目標値を上乗せするのか理解してもらえるのではないでしょうか。

ここで目標設定に関する大きな誤解についても触れておきます。

たとえば、目標が100だとします。この目標に対して、120、150、200と目標を大きく上回れば上回るほど良いと思っていませんか?

しかし、それは大きな誤解です。

生産計画にしても、在庫管理にしても、目標数値に対して行われます。もし、目標の2倍も3倍も売り上げたらどうなるでしょう? 在庫は不足し、生産は緊急に増産体制を構

築しなければならなくなります。

緊急に増産するためには、人にしても、原料にしても、部品にしても、通常より余計な調達コストがかかります。つまり、コスト高になり、その分、利益を圧迫するのです。

新製品であれば、予想外のヒットということもありえますが、既存の製品やサービスであれば、それまでの実績から目標を立てますから、2倍も3倍も売れることはないはずなのです。

にもかかわらず、2倍も3倍も売れたとしたら、それは目標値が明らかに低すぎたということであり、自分たちの市場でありながら先を見通せていなかったということです。

どちらにしても、反省材料となりこそすれ、ホメられるようなことではありません。

3年目のリーダーであれば、**目標を大きく上回る人よりも、高い目標を立てて、その目標のプラスマイナス5パーセント以内の結果を出す人を高く評価しなくてはなりません。目先の数字だけにとらわれない、真の価値について考え、それをメンバーに伝えていく**こともリーダーの大事な仕事の1つです。

PART3 チームをマネジメントする

管理のしすぎは時間を失う

こうしてメンバーの目標が決まれば、次に行うべきは目標達成までの進捗管理です。具測達一の「測」で測定できる目標を立てること、OGSMの「M」で戦略の進捗を測ることが重要であると述べました。

目標を達成するまでの進捗管理も同様に、毎月、毎週、細かく測定し、継続的に見ていくことが大切になります。

細かく見ていくことで、変化を早期に発見できますし、変化に応じた対策を早くとることができます。

進捗状況が最初の予想と大きく違えば、その原因を追求して、場合によっては目標自体の変更や戦略の修正、チームづくりを見直すことも必要になります。

目標に対して大幅に進捗が悪い場合はもちろん、大幅に良いときにも、先ほど述べた理由から、目標の見直しが必要です。新しい目標に対しての生産体制、在庫管理、物流シス

テムなどの構築を早急に他部署にお願いするのもリーダーの仕事です。

目標を達成するまでの進捗を管理するのには、いくつかの方法があります。

1つは**期間で測定する方法**です。たとえば、1年間の売上目標を3カ月ごとに区切ります。

そして、毎週、毎月、3カ月ごとに進捗状況を測り、管理します。このとき、**メンバー全員で、全員分の進捗状況をシェアするようにしましょう**。情報はできるだけオープンにしておいて、メンバー全員でシェアしておいたほうがメリットが大きいからです。

期間を分けてメンバーごとに進捗を管理する方法に加えて、

得意先ごとに目標達成までの進捗を管理する方法

ブランド（商品）ごとに目標達成までの進捗を管理する方法

プロジェクトごとに目標達成までの進捗を管理する方法

など、いろいろな方法があります。

多くの進捗管理を行うと、それだけ細かく進捗を管理できる反面、多くの時間を進捗管

PART3
チームを
マネジメントする

　リーダーの仕事は管理だけではありません。時間は限られています。会社の目標や優先順位を考慮して、どの方法で、どのタイミングに進捗状況を測り、メンバー全員とシェアするのがメンバーがやる気になり、成果を出すことにつながるか、こうしたことを決めるのも大事なリーダーの仕事なのです。

理にとられてしまうというデメリットもあります。

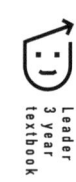

05 チームが明るく楽しくなるシステム

ご褒美システムと罰則システム

「マネジメントの5ステップ」のステップ4は、**「報奨システムづくり」**です。

もしチームに報奨システムがなかったら、メンバーはこう考えるに違いありません。

「なんだ、目標を達成しても、しなくても同じじゃないか。なら、適当にやっておこう」

目標を達成したメンバーと達成できなかったメンバーには、何らかの差をつける必要があるのです。

では、どんな差のつけ方が考えられるでしょうか? 大きく2つあります。

① **ご褒美システム**
② **罰則システム**

説明するまでもなく、目標を達成した、結果を出したメンバーにご褒美を与えるシステムと、目標を達成できなかった、結果を残せなかったメンバーに罰を与えるシステムの2つが考えられます。

さて、どちらのシステムを採用したほうが、最終的に目標を達成できるチームになる可能性が高まるでしょうか?

ご褒美システムを採用したチームは明るくなります。結果を出したメンバーに対して、景品をあげたり、表彰したり、拍手したり、ホメることでチームが明るくなるからです。

一方、罰則システムを採用したチームは暗くなりがちです。目標を達成できなかったメンバーに対して、リーダーが怒るにしても叱るにしても、それは他のメンバーにも伝播していき、チーム全体が萎縮していきます。

罰金や罰としてのトイレ掃除、反省レポートを書かせるなども、決して当人の中に前向きな意識は生まれません。

そうした罰を受けているのを見る他のメンバーも、気持ちがいいはずはなく、チーム全体が暗くなってしまうのです。

罰則システムは、このようにあまりいい影響をチームに与えないにもかかわらず、多くの企業で採用されているのではないでしょうか？

仕事をなめている人やサボっている人には、リーダーの罰則も辞さない態度が必要だと思いますが、そうでなければ、罰則システムよりもご褒美システムをつくるほうが、絶対にチームとして成果をあげられると思います。

お金をかけることだけがご褒美ではない

ご褒美システムをつくりましょうと言うと、「お金がありません」「そんな予算とれません」と言う人がいます。

206

PART3 チームをマネジメントする

しかし、お金をかけることだけだが、ご褒美ではありません。

私が在籍した当時、アメリカのP&G営業本部には、「スターシステム」というご褒美システムがありました。どんなにすごいシステムだろうなどと期待しないでください。ただ単に毎月、成績上位の営業メンバー2人にスターシール（金星のシール）をプレゼントするというありきたりのものです。

営業メンバーは全員、資料を入れる黒いバインダーをもっているのですが、スターシールをもらった営業メンバーはそのバインダーに貼ります。

「子どもじゃあるまいし、バカにしているのか！」

みんな最初はそう思っていました。しかし、スターシステムを導入したリーダーは、そんな声には一切耳を傾けずに愚直に毎月毎月スターシールを上位2名の営業メンバーにプレゼントし続けます。

変化が現れはじめたのは半年以上たってからです。ある営業メンバーのバインダーには、すでにシールが3枚貼られています。2枚の営業メンバーもちらほらいます。1枚の営業メンバーが増えてくると、0枚の営業メンバーの目の色が変わります。自分だけゼロというのは恥ずかしいという気持ちになるからです。

207

このスターシステムに限りませんが、大切なのは継続することです。リーダーがときどき思いついたようにシールをあげても効果は出ません。毎月毎月、愚直なまでに継続することでジワジワと効果が出てくるのです。

PART2で、メンバーのやる気を上げるためには、「プライドをくすぐる」ことと、「競争心を刺激する」ことが有効だと述べましたが、ご褒美システムをつくるときにも、この2つが有効になります。報奨システムをつくる際には考慮すると良いでしょう。

3点セットで公平な評価を下す

ご褒美システムをつくるときの注意点として、「評価」があります。
当然のことながら、公平な評価が求められますが、これが案外難しかったりします。
メンバーを評価する際には、「トレンド→アクション→結果」という3点セットで評価するようにします。

たとえば、市場全体が10パーセント下がっているエリアを担当するヤマモトさんと、市

PART3 チームをマネジメントする

場が40パーセント急拡大しているエリアを担当するイノウエさんがいたとします。

ヤマモトさんは厳しい市場環境にもかかわらず、さまざまな方策を講じることで1年後、売上を10パーセント伸ばしました。

一方、イノウエさんは急拡大する市場に任せてとくに何もしませんでしたが、1年後、売上を30パーセント伸ばしました。

さて、リーダーであるあなたはこの2人にどのような評価を行うでしょうか?

よくありがちな失敗は、ヤマモトさんB評価、イノウエさんは30パーセント伸ばしたから、ヤマモトさんB評価、イノウエさんA評価とする失敗です。

結果だけを見れば、確かにそれで公平だと思うかもしれませんが、努力したヤマモトさんがBで、とくに何もしなかったイノウエさんがAというのはおかしいという点に、3年目のリーダーは気づかなければなりません。

まず、2人の置かれたトレンドを確認します。

ヤマモトさんのエリアは10パーセント下がっていて、イノウエさんのエリアは40パーセント拡大しています。

次に、**アクションを見ます。**ヤマモトさんはさまざまな方策を講じて実行しました。イノウエさんは特別なことは何もしていません。

そして、**トレンドとアクションを踏まえて結果を見ます。**
ヤマモトさんは10パーセント下がっているエリアで、逆に売上を10パーセント伸ばしました。何もアクションしなければマイナス10パーセントのところでプラス10パーセントの結果を残したのですから20パーセント上げたことになるのです。
一方、イノウエさんは40パーセント拡大しているエリアで30パーセント売上を伸ばしました。しかし、他社は40パーセント伸ばしているのですから、シェアとしては下がっています。

少なくとも他社同様に40パーセント伸ばすことが求められていたにもかかわらず、30パーセントにとどまったということはマイナス10パーセントです。
つまり、トレンド、アクション、結果の3点セットで評価すれば、ヤマモトさんがA評価となり、イノウエさんはBか、ひょっとするとC評価かもしれません。
このように、**結果だけを見ていては公平な評価はできない**のです。必ず**トレンド、アク**

PART3
チームを
マネジメントする

評価の3点セット

ヤマモトさん

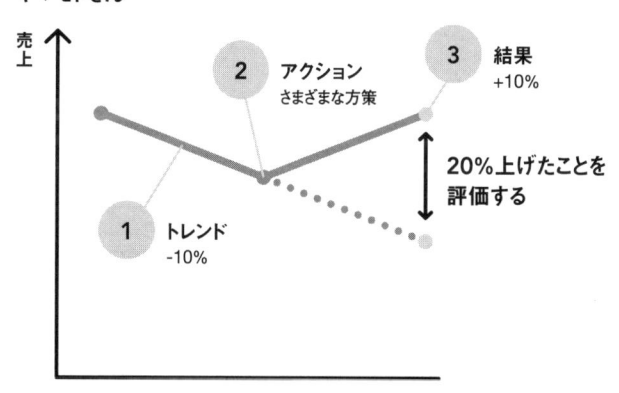

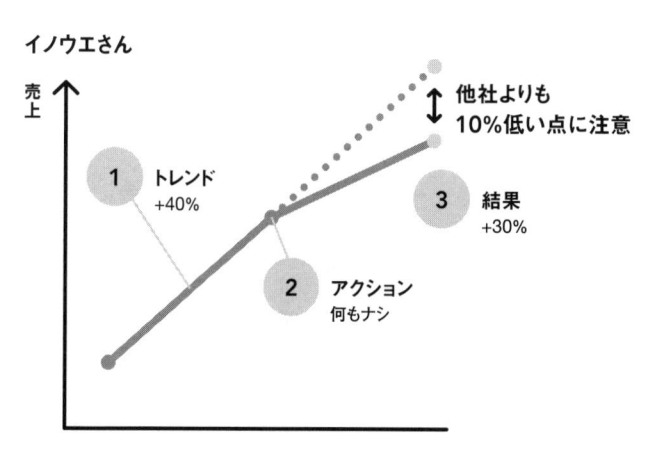

売上

1 トレンド -10%
2 アクション さまざまな方策
3 結果 +10%

20%上げたことを評価する

イノウエさん

売上

1 トレンド +40%
2 アクション 何もナシ
3 結果 +30%

他社よりも10%低い点に注意

結果だけでは公平な評価はできない!

ション、結果の3点セットで評価するようにしてください。

最初にご褒美を与えてしまう意外な方法

私がある外資系企業に勤めているとき、私を含めて20人いるディレクターを対象に、1年後、成績優秀な3名に特別ボーナスを与えるというコンテストが開催されました。

こうしたコンテスト自体はよくある話なのですが、その開催が発表されたあと私だけが社長に呼ばれて、次のように言われました。

「小森さんは内定だから」

「？」

私には社長の言っていることがわからず、「社長、これから開催されるコンテストなのに私が内定というのはどういうことでしょうか？」と思わず聞きました。

「小森さんが3人に選ばれることは、もう決まっているということです」

「えっ？」

PART3 チームをマネジメントする

私にはまだ話が飲み込めません。

「どうして、やる前から決まっているのですか？　私が6番目の成績だったらどうするんですか？」

「小森さんが6番目の成績でも3名に選出されます。でも、そんなことはないですよね。小森さんなら必ず3番以内に入る。だから内定なのです。このことは他言無用ですよ」

そのときはよく理解できませんでしたが、今考えてみると、社長はコンテストを開催しただけではみんなが競争するとは限らないと考え、私に起爆剤の役割を与えたのです。

内定をもらった以上、私は必ず3番に入らなければと考えて行動します。3番目に入るために最初から飛ばします。すると他のディレクターも負けじと動き出し、競争がはじまります。これが社長の狙いだったのです。

かなり特殊な例かもしれませんが、こうした**最初にご褒美を渡してしまうというやり方もある**ことを、3年目のリーダーなら知っておいて損はないでしょう。

私もリーダーになってから2度ほど、ある人に先にご褒美を渡すことでチーム全体を活気づけたことがあります。

個人成績よりもチーム成績

評価と競争ということで、最後に1点、指摘しておきたいことがあります。

それは、**評価には個人成績だけでなく、チーム成績の要素も必要だ**という点です。

私はある化粧品メーカーの美容部員の指導をしたことがあるのですが、美容部員を競争させて、一人ひとりの個人成績だけを評価すると、美容部員同士が敵になってしまい、お客さまの取り合いが起きます。

高価な化粧品を買ってくれるお客さまを見つけると、そのお客さまを奪い合うのです。

そこでどうするかというと、美容部員の評価に店の目標達成率を加えます。

たとえば個人の目標達成率による業績評価が60パーセント、店の目標達成率による業績評価が30パーセント、売上以外の貢献に対する評価が10パーセントといった具合です。

こうすると個人成績だけではある一定以上評価が上がりませんから、店が目標を達成し

PART3
チームを
マネジメントする

なければ自分の評価も上がらないことに気づきます。

P&Gでも、**個人成績のほかに、組織力強化にどれだけ貢献したかが常に問われました。**

そして、会社の中でポジションが上がるほど、この組織力強化にどれだけ貢献したかが問われ、評価の割合が増えていきます。

メンバーだったときは、個人成績：組織力強化が7：3でしたが、リーダーになるとそれが5：5になり、さらに役職が上がると4：6、3：7と個人成績よりも組織力強化の評価割合が増えていくのです。

競争心を刺激することは、やる気を上げることにつながりますが、それだけだと独善的になってしまい、周囲に迷惑をかけ、チームにとって逆効果になることもあります。

それを防ぐためには、**個人成績よりもチーム成績が優先されるようにする**ことです。

優れた個人成績を毎年のように出し続けたイチロー選手ですら、「チームが優勝することが第一」と言うのはそのためです。

チームで仕事をする以上は、個人よりもチーム優先ということをリーダーもメンバーも共有しておくことが重要です。

06 メンバーのコミットメントを獲得する

ステップ1から4までがカギ

「マネジメントの5ステップ」のステップ5は、「**メンバーのコミットメント獲得**」です。コミットメントについては、リーダーシップの「3つのE」の3番目、Enableでも説明しましたが、大切なポイントなので、もう一度見ておきましょう。

レベル1：目標にも、それを達成することについても興味がない。

PART3 チームをマネジメントする

レベル2：目標を達成したいとは思っているが努力はしたくない。ダイエットなどでよく見られる段階。

レベル3：できるかもしれないのでやってみよう、とりあえずやろう。メンバーの多くはこの段階であることが多い。

レベル4：最善の努力をする。

レベル5：どんなことがあってもやり遂げる意志がある。

リーダーは「どんなことがあってもやり遂げる意志がある」という5番目のレベルに達していなければなりません。それがメンバーのコミットメントを獲得する条件になります。

ただ、これまで見てきたマネジメントの4つのステップができていれば、メンバーのコミットメントを獲得することができるはずです。

もし、**メンバーのコミットメントレベルが3以下だとしたら、それはマネジメントのステップ1から4までのどこかにヌケモレがあるからです**。ステップ1の目標や戦略について、メンバーの理解が不足していたらコミットメントレベルは上がりません。目的が何であり、そのための目標と戦略であることをメンバーが理

その月の成果は「1日（ついたち）」に決まる

解できるまで、リーダーは何度でも根気づよく説き続けることが求められます。

ステップ2のチームづくりが不十分で、メンバーが自分の役割をわかっていなかったら、また、他のメンバーの役割を知らなかったら、コミットメントレベルはやはり下がります。

各自の得意分野を活かした役割を与え、かつ他のメンバーの役割を共有します。

ステップ3の目標設定にメンバーが理不尽さを感じていたら、リーダーが進捗管理をしないでメンバーをほうっておいたとしたら、コミットメントレベルが下がります。

「なぜ、この目標を設定するのか」ということをわかりやすく説明し、メンバーに納得してもらいます。最初が何よりも一番肝心です。

ステップ4の報奨システムがないために、「成果を出しても出さなくても同じじゃないか」とメンバーが思っているとしたら、コミットメントレベルは低くなります。

チームが明るく、メンバーが楽しくなるご褒美システムをつくって実施してください。

PART3 チームをマネジメントする

3年目のリーダーは、**メンバー一人ひとりのコミットメントレベルを把握します。**

私は、**その月の成果は、「1日（ついたち）」のメンバーのコミットメントレベルで決まる**と思っています。ですから、毎月1日にメンバーのコミットメントレベルを評価し、翌月の1日までに1人ワンランクレベルアップすることをめざしました。

たとえば、毎月1日に今月の目標と仕事の役割分担を伝達していたのですが、そのときに、メンバー各自の顔の表情や発言、質問などをしっかりと見ます。

「アダチさんはコミットメントレベルが3だな。カワグチさんは4。コバヤシさんは2かもしれない。要注意だ」といった具合です。

そして、コミットメントレベルが「2」と一番低いコバヤシさんに、どのようなアドバイスやサポートができれば、「3」にワンランクアップするだろうかと考えます。

その際に活用していただきたいのは、167ページでご紹介した「メンバーのやる気を高めるシート」です。モチベーションの3つのポイントをうまく活用するようにしましょう。

次に、マネジメントのステップ1から4について、コバヤシさんがどうとらえているか

をチェックします。ステップ1の目標と戦略が十分理解できていなかったり、ステップ4の報奨システムに魅力がなければ、コバヤシさんのコミットメントレベルは上がりません。

ここで重要なのは、リーダーであるあなたがコバヤシさんと1対1で話し合うことです。

「コバヤシさん、会議で発表した来月の目標ですがどう感じられましたか？　何か質問があれば遠慮なく話してください。最近、コバヤシさんのやる気が下がっているように見えるので心配しています」

このように、リーダーが心を開いて、率直に話し合う場をつくることがメンバーのコミットメントレベルを上げることにつながります。

メンバーのコミットメントレベルをアップすることこそ、リーダーの重要な仕事です。

そのための方法は1つではありません。これまでに紹介してきた「リーダーシップ」「メンバー育成」「マネジメント」のあらゆる方法を駆使してください。

必ずや、メンバー全員のコミットメントレベルを上げることができると信じて。

PART3 チームをマネジメントする

マネジメントの5ステップのチェックシート

現在の状況はいかがですか?
最も近いと思う番号に○をしてください。　　　　　(1がBad、5がGood)

1) チームの目標&戦略の決定と その伝達

Bad　1　2　3　4　Good 5

2) 目標を達成するための チームづくり
トレーニング、役割分担の明確化

Bad　1　2　3　4　Good 5

3) 目標達成までの進捗管理
定期的に売上、その他のレビューをしている

Bad　1　2　3　4　Good 5

4) 報奨システムづくり

Bad　1　2　3　4　Good 5

5) メンバーのコミットメント獲得

Bad　1　2　3　4　Good 5

平均点を出してください

Bad　1　2　3　4　Good 5

マネジメントの重要ポイント一覧

ステップ 1 チームの目標&戦略の決定とその伝達

「OGSM」目的、目標、戦略、測定
「具測達一」具体的か? 測定可能か? 達成可能か? 一貫性はあるか?
「4つのS」十分か? 継続可能か? 選択されたか? 一致しているか?

↓

ステップ 2 目標を達成するためのチームづくり

チームメンバーは6人まで
リーダー以外に「もう1人」メンバーのために必要
メンバーの役割分担を決め、チーム全体で把握する

↓

ステップ 3 メンバーの目標設定とその進捗管理

5%のバッファーを加えた目標を設定する
目標を大きく上回ることよりも高い目標が大切
管理することを増やすと時間を失う

↓

ステップ 4 報奨システムづくり

ご褒美システムをつくり継続して実践する
評価は「トレンド」「アクション」「結果」の3点セットで行う
「個人成績<チーム成績」を意識づける

↓

ステップ 5 メンバーのコミットメント獲得

メンバーのコミットメントレベルはステップ1～4の出来次第
毎月1日にメンバーのコミットメントレベルを把握する
リーダー自身のコミットメントは5であること

おわりに

 リーダーの役割について、「リーダーシップ」「メンバー育成」「マネジメント」の3つに大きく分けて述べてきました。それらの土台となるリーダーとメンバーの信頼関係のつくり方についても触れました。

 心がけたのは、実践的な内容にすることです。タイトルに「教科書」とありますが、学校で使う教科書とはその点が大きく違います。単なる知識を得るための教科書ではなく、リーダーが現場で実践するための教科書にしたかったのです。

 本書をここまで読んでくれたみなさん、ぜひ1つでも多くの手法やスキル(技術)を実践してください。「知識を得た」でとどまることなく、日々のチームメンバーとのコミュニケーションに、チームマネジメントにどんどん使ってください。

 本書に書かれていることを、全部カンペキにできているリーダーはおそらくいません。誰にでもできる考え方や行動の方法ばかりですが、それらをすべてカンペキに行うこと

は並大抵ではないのです。

こうしてみなさんにお伝えしている私も、まだまだ未熟なリーダーの一人です。「知識化」はできていても「スキル化」の途上で、「習慣化」するにはいたっていません。

ただ、あきらめることなく習慣化をめざしています。

リーダーとしての役割は、新米リーダーであっても、社長であっても変わりません。違うのは、その精度や熟練度、応用できる幅の広さなどです。

社長だからといって何か特別なことをやっているわけではないのです。

精度や熟練度を上げるには、日々の実践しかありません。

「やる」か「やらない」かです。

やれば、必ず結果はついてきます。

本書のスキルを実践されて、エクセレント・リーダーとなって活躍しているあなたと出会える日を楽しみにしています。

2013年　秋

小森　康充

CHECK SHEET

付録● 結果を出す
リーダーとメンバーの行動チェックシート一覧

信頼関係を築くチェックシート

相手の名前（イニシャル可）：

その人との現在の状況はいかがですか？
最も近いと思う番号に○をしてください。　　　　（1がBad、5がGood）

①正直、誠実な態度
Bad　1　2　3　4　5　Good

約束を守る、言葉遣い、態度、誠意をもって
接しているか？
Respect（尊敬）の精神を持っているか？

②相手の話をよく聞く
Bad　1　2　3　4　5　Good

しっかりと相手の話をよく聞いているか？
自分ばかり話してないか？
相手の気持ち、事実、状況を理解しているか？
相手のものの考え方、価値観を理解しているか？

③コンタクト回数
Bad　1　2　3　4　5　Good

定期的に会って会話をしているか？
（廊下ですれ違うなどは回数に入れない。
意識して会って会話をして1回とする）

④相手を「宝物」と思う
Bad　1　2　3　4　5　Good

相手のことを「将来すばらしい人に成長する
可能性がある」と信じているか、その逆か？
（現在は、相手が期待する成果を上げられてい
ないかもしれない。大事なことは、将来に期待す
ることである）

平均点を出してください
Bad　1　2　3　4　5　Good

→ 44ページ

CHECK SHEET
付録◉結果を出す
リーダーとメンバーの行動チェックシート一覧

コミットメントレベルのチェックシート

コミットメントレベル

1　したくない（計画の目標と結果の両方に対して興味がない）
2　計画の結果、報酬は好きだが努力はしたくない
3　できるかもしれない。やってみようという意思がある
4　最善の努力をする
5　どんなことがあってもやりとげる

メンバーの今月の仕事に対するコミットメントの度合いは何番ですか？

メンバーAさん

メンバーBさん

メンバーCさん

メンバーDさん

メンバーEさん

→ 61ページ

リーダーシップの「3つのE」チェックシート

現在の状況はいかがですか？
最も近いと思う番号に○をしてください　　　　　　　　（1がBad、5がGood）

	Bad				Good
1）Envision（ビジョンを描く）	1	2	3	4	5

目標、ビジョンを描く力
明確な組織の目標と戦略をもっているか？
それをチームメンバー全員に伝えているか？

	Bad				Good
2）Energize（火をつける）	1	2	3	4	5

コミュニケーション&コミットメント（決意）
メンバーの話を聞いて、
目標への合意、決意をとりつけているか？
メンバーはやる気になっているか？

	Bad				Good
3）Enable（決意させて結果を出す）	1	2	3	4	5

メンバーに結果を出させてあげているか？
始めはできないメンバーを
サポート、援助しているか？
Make it happen! 事を起こしているか？

	Bad				Good
平均点を出してください	1	2	3	4	5

→ 63ページ

CHECK SHEET
付録◉結果を出す
リーダーとメンバーの行動チェックシート一覧

フォロワーパワーの4つの源泉チェックシート

現在の状況はいかがですか?
最も近いと思う番号に○をしてください。　　　　　　　(1がBad、5がGood)

1)正確性
Bad				Good
1	2	3	4	5

専門的、正確な知識、データをもっているか?
根拠のある実績に基づく言動をしているか?
資格、実績を積み重ねる努力をしているか?

2)一貫性
Bad				Good
1	2	3	4	5

常に一貫性のある言動をしているか?
1つの目標にフォーカス(集中)しているか?
やると決めたことは、やり遂げるという
心構えはできているか?

3)許容
Bad				Good
1	2	3	4	5

失敗したチームメンバーを許してあげているか?
For you(あなたのため)という気持ちを
もっているか?
自分のことばかり考えてないか?
自分と意見、価値観の違う人も受け入れているか?

4)開放性
Bad				Good
1	2	3	4	5

魅力的な夢をメンバーに語っているか?
明るく、楽しく、ユーモアをもって行動しているか?
オープンマインドで心を開いて人に接しているか?

平均点を出してください
Bad				Good
1	2	3	4	5

→ 81ページ

小森流リーダーシップを磨くための5か条チェックシート

あなたの現在の状況はいかがですか？
最も近いと思う番号に○をしてください。　　　　　（1がBad、5がGood）

1) まず手をあげる　　Bad 1　2　3　4　Good 5
立候補する機会があれば手をあげる
質問は積極的にする
人のいやがる仕事は自分がやる

2) 自ら失敗する　　Bad 1　2　3　4　Good 5
何事も果敢にチャレンジ
失敗を恐れない、成功は確率である

3) 人脈と情報網を広げる　　Bad 1　2　3　4　Good 5
社内、得意先に友人をつくる
情報をタイムリーに入手できる

4) 時間は1分でもムダにしない　　Bad 1　2　3　4　Good 5
常に勉強、目的思考をもって
アイデアを考える
タイムマネジメントは重要

5) 決断する　　Bad 1　2　3　4　Good 5
決めたことはやる
小さな決断力を磨く

平均点を出してください　　Bad 1　2　3　4　Good 5

→ 101ページ

CHECK SHEET
付録◉結果を出す
リーダーとメンバーの行動チェックシート一覧

メンバーのスキルとやる気チェックシート

チーム名（イニシャル可）

最も近いと思う番号に〇をしてください。　　　　　　　（1がBad、5がGood）

		Bad				Good
1	スキル	1	2	3	4	5
	やる気	1	2	3	4	5
2	スキル	1	2	3	4	5
	やる気	1	2	3	4	5
3	スキル	1	2	3	4	5
	やる気	1	2	3	4	5
4	スキル	1	2	3	4	5
	やる気	1	2	3	4	5
5	スキル	1	2	3	4	5
	やる気	1	2	3	4	5
6	スキル	1	2	3	4	5
	やる気	1	2	3	4	5

→ 115ページ

教えるときの6つのコツチェックシート

あなたの現在の状況はいかがですか?
最も近いと思う番号に○をしてください。　　　　　　　(1がBad、5がGood)

1) 事前告知する
Bad 1　2　3　4　5 Good

OJTの目的を事前にメンバーに伝えているか?
メンバーに準備する時間を与えているか?

2) 細分化する
Bad 1　2　3　4　5 Good

教える内容をいくつかに細分化しているか?
細分化した内容を1つずつ教えているか?

3) たとえ話を使う
Bad 1　2　3　4　5 Good

教える内容を相手がイメージしやすい言葉で語っているか?
わかりやすいたとえ話を使えているか?

4) 印象づける
Bad 1　2　3　4　5 Good

印象のよいOJTができているか?
第一印象、強烈な印象、繰り返し、タイムリーを意識できているか?

5) ホメる
Bad 1　2　3　4　5 Good

効果的にメンバーの長所をホメているか?
メンバーの良い行動をしっかりと見ているか?

6) フォローアップする
Bad 1　2　3　4　5 Good

メンバーの仕事がスムーズにいくようサポートしているか?
メンバーの能力的に大きすぎる仕事を与えていないか?

平均点を出してください
Bad 1　2　3　4　5 Good

→ 133ページ

CHECK SHEET
**付録◉結果を出す
リーダーとメンバーの行動チェックシート一覧**

トレーニングサイクルのチェックシート

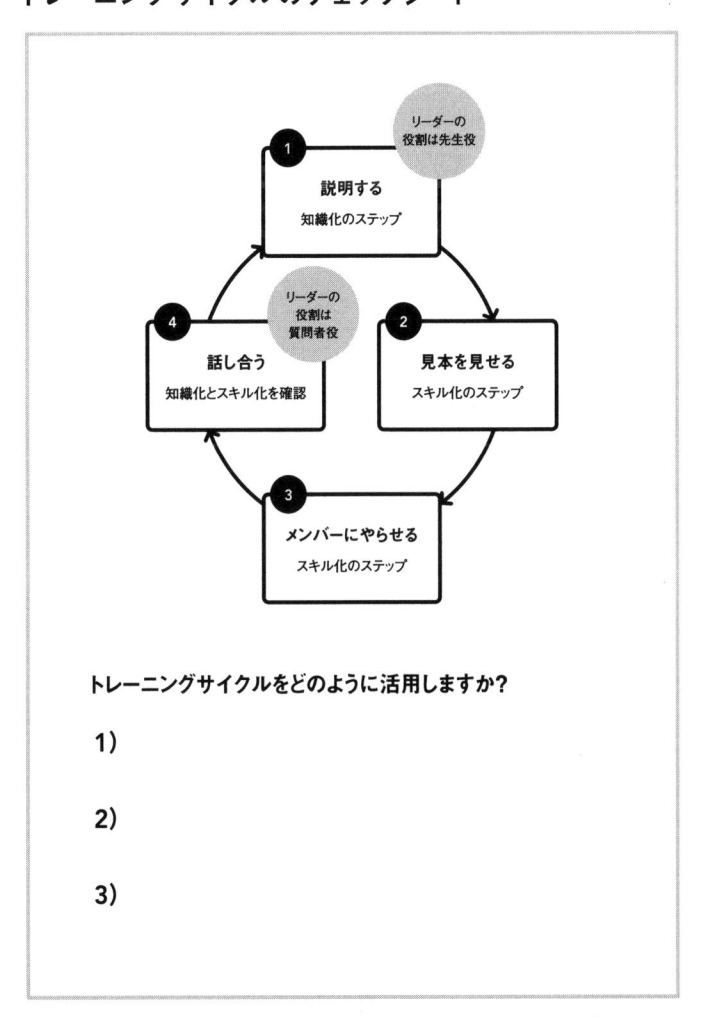

```
1. 説明する — 知識化のステップ（リーダーの役割は先生役）
2. 見本を見せる — スキル化のステップ
3. メンバーにやらせる — スキル化のステップ
4. 話し合う — 知識化とスキル化を確認（リーダーの役割は質問者役）
```

トレーニングサイクルをどのように活用しますか?

1)

2)

3)

→ 149ページ

同行結果レポート

所属　　　　　　　　　氏名

同行日時　　　　　　　同行相手

1) 同行目的(商談前にリーダーとメンバーで合意)

ビジネス上の目的:

トレーニング上の目的:

2) 同行結果(商談終了後にリーダーとメンバーで話し合う)

3) ネクストステップ

4) コメント(リーダーの課長から)

5) 次回同行予定日

→ 153ページ

CHECK SHEET
付録◉結果を出す
リーダーとメンバーの行動チェックシート一覧

メンバーのやる気チェックシート

メンバーの名前(イニシャル可):

メンバーの現在の状況はいかがですか?
最も近いと思う番号に○をしてください。　　　　(1がBad、5がGood)

①仕事内容について　　　　　　　　　Bad　　　　　　　　　　Good
　満足しているか?　　　　　　　　　 1　　2　　3　　4　　5

②将来の夢や目的と方向性が　　　　　 Bad　　　　　　　　　　Good
　同じか?　　　　　　　　　　　　　 1　　2　　3　　4　　5

③先輩からも同僚や後輩からも　　　　 Bad　　　　　　　　　　Good
　慕われているか?　　　　　　　　　 1　　2　　3　　4　　5

④休日出勤や残業が　　　　　　　　　 Bad　　　　　　　　　　Good
　多すぎないか?　　　　　　　　　　 1　　2　　3　　4　　5

⑤仕事の達成度が高いか?　　　　　　 Bad　　　　　　　　　　Good
　　　　　　　　　　　　　　　　　　 1　　2　　3　　4　　5

⑥自分(リーダー)と信頼関係が　　　　Bad　　　　　　　　　　Good
　築けているか?　　　　　　　　　　 1　　2　　3　　4　　5

平均点を出してください　　　　　　　 Bad　　　　　　　　　　Good
　　　　　　　　　　　　　　　　　　 1　　2　　3　　4　　5

→ 159ページ

メンバーのやる気を高めるシート

モチベーションの3つのポイント

1)プライドをくすぐる
2)競争心を刺激する
3)チームワークを意識させる

以上を今までどのように活用してきましたか?

今後どのように活用しますか?

1)プライドをくすぐる

2)競争心を刺激する

3)チームワークを意識させる

→ 167ページ

CHECK SHEET
付録◉結果を出す
リーダーとメンバーの行動チェックシート一覧

マネジメントの5ステップのチェックシート

現在の状況はいかがですか?
最も近いと思う番号に○をしてください。　　　　　(1がBad、5がGood)

	Bad				Good
1) チームの目標&戦略の決定とその伝達	1	2	3	4	5

2) 目標を達成するためのチームづくり
トレーニング、役割分担の明確化
　　Bad　1　2　3　4　5　Good

3) 目標達成までの進捗管理
定期的に売上、その他のレビューをしている
　　Bad　1　2　3　4　5　Good

4) 報奨システムづくり
　　Bad　1　2　3　4　5　Good

5) メンバーのコミットメント獲得
　　Bad　1　2　3　4　5　Good

平均点を出してください
　　Bad　1　2　3　4　5　Good

→ 221ページ

【著者紹介】

小森　康充 (こもり・やすみつ)

●——1962年生まれ。小森コンサルティングオフィス代表。P&Gジャパン、日本ロレアル、COACHジャパンなど、実力主義の外資系企業で20年間、営業キャリア、人材育成キャリアを積む。その後、神戸学院大学客員教授に就任。2008年、人材育成コンサルタントとして独立。P&G時代には、常にトップクラスの営業成績を上げ続け、当時P&Gトレーナーの世界トップであったボブ・ヘイドンよりコミュニケーションスキルとマネジメントスキルを直接学び、営業トレーナーとしても社内や得意先の人材育成に貢献。アジアパシフィック最優秀マネジャーなど、数々の表彰を受ける。また、世界ナンバー1サクセスコーチといわれるアンソニー・ロビンスのコーチングスキルを習得。20年間の実績が証明する卓越したスキルと世界ナンバー1コーチングスキルをミックスした独自のスキルを確立。

●——企業、自治体などの研修講師として年間200日登壇。わかりやすく実践的な指導には定評があり、リピート率は8割を超える。

●——おもな著書に『スベらない商談力』(かんき出版)、『トップセールスの段取り仕事術』(PHP研究所) がある。

リーダー3年目からの教科書　〈検印廃止〉

2013年10月21日　第1刷発行
2025年1月6日　第3刷発行

著　者——小森　康充Ⓒ
発行者——齊藤　龍男
発行所——株式会社かんき出版
　　　　東京都千代田区麴町4-1-4 西脇ビル　〒102-0083
　　　　電話　営業部：03(3262)8011代　編集部：03(3262)8012代
　　　　FAX　03(3234)4421　　　　　振替　00100-2-62304
　　　　http://www.kankidirect.com/

印刷所——大日本印刷株式会社

乱丁・落丁本はお取り替えいたします。購入した書店名を明記して、小社へお送りください。ただし、古書店で購入された場合は、お取り替えできません。
本書の一部・もしくは全部の無断転載・複製複写、デジタルデータ化、放送、データ配信などをすることは、法律で認められた場合を除いて、著作権の侵害となります。
ⒸYasumitsu Komori 2013 Printed in JAPAN　ISBN978-4-7612-6951-7 C0034